D0596085

DU MÊME AUTEUR

En langue créole

Jik dèyè do Bondyé, nouvelles, Grif An Tè, 1979.

Jou Baré, poèmes, Grif An Tè, 1981.

Bitako-a, roman, GEREC, 1985 (traduction en français par J.-P. Arsaye, *Chimères d'En-Ville*, Ramsay, 1997).

Kôd Yanm, roman, K. D. P., 1986 (traduction en français par G. L'Étang, *Le Gouverneur des dés*, Stock, 1995).

Marisosé, roman, Presses Universitaires Créoles, 1987 (traduction en français par l'auteur, *Mamzelle Libellule*, Le Serpent à Plumes, 1995).

En langue française

Le Nègre et l'Amiral, roman, Grasset, 1988 (Prix Antigone).

Éloge de la créolité, essai, en collaboration avec P. Chamoiseau et J. Bernabé, Gallimard, 1988.

Eau de café, roman, Grasset, 1991 (Prix Novembre).

Lettres créoles : tracées antillaises et continentales de la littérature, essai, en collaboration avec P. Chamoiseau, Hatier, 1991.

Ravines du Devant-Jour, récit, Gallimard, 1993 (Prix Casa de las Americas).

Aimé Césaire, Une traversée paradoxale du siècle, essai, Stock, 1993.

L'Allée des Soupirs, roman, Grasset, 1994 (Prix Carbet de la Caraïbe).

Commandeur du Sucre, récit, Écriture, 1994.

Bassin des Ouragans, récit, Les Mille et Une Nuits, 1994.

Les Maîtres de la parole créole, contes, Gallimard, 1995.

La Savane des pétrifications, récit, Les Mille et Une Nuits, 1995.

Contes créoles des Amériques, contes, Stock, 1995.

La Vierge du Grand Retour, roman, Grasset, 1996.

La Baignoire de Joséphine, récit, Les Mille et Une Nuits, 1997.

Suite de la bibliographie en fin de volume

HAUTE ENFANCE

Collection dirigée par
Colline Faure-Poirée

RAPHAËL CONFIANT

LE CAHIER
DE ROMANCES

nrf

GALLIMARD

À ma sœur Chantal

L'ECZÉMA-DIABLE

Rosalia.

Tel est le nom public de ta servante, celui que tout un chacun peut énoncer à sa guise sans éroder la « force » qu'il charroie au-dedans de lui. Son nom secret te restera à jamais inconnu en dépit de tes incessantes supplications.

D'elle ton père déclare (mais en des termes qui lui sont propres et donc forcément emphatiques) : toute négresse plongée dans la plus humble des existences dispose d'un gisement d'allégresse qui l'aide à bourlinguer au beau mitan des désespoirs quotidiens.

Pour de bon, Rosalia guerroie contre un eczéma ravageur en chantonnant, à toute heure de la sainte journée, des qualités de romances sans distinction de race, de langue ou de religion. Sa bouche de caïmite pulpeuse affectionne les vocalises corses de Tino Rossi, les valses créoles du temps de Saint-Pierre, avant l'éruption du volcan, quelques boléros qu'elle capte sur les ondes de Cuba ou de Bénézuèle et, bien entendu, une tiaulée de chanters d'Église en grec et en latin qui te pétrifient d'extase mais ont le don d'irriter ta mère sans pour autant qu'elle intime l'ordre à Rosalia de coudre sa bouche.

Et, ô incroyable !, s'étant amourachée d'un marin russe en rupture d'équipage (à cause d'une sombre histoire de bagarre qui s'était achevée par un meurtre), elle te berçait d'envolées tsiganes dans une langue tout-à-faitement incomprenable pour le commun des mortels. Tu étais tantôt son intercesseur tantôt son commissionnaire, parfois son guetteur. Quand, à la brune du soir, la silhouette titubante d'Evguéni se profilait au pied du raidillon de la route de la Folie, après que le géant déglingué se fut fait copieusement dérisionner par les sentinelles du Fort Gerbault, tu accourais à la cuisine à la vitesse d'une mèche, haletant :

« Ton… ton bougre est là, oui, Rosalia ! »

Si elle était en train de préparer la soupe-z'habitants ou la bolée de crème de maïs que ta mère avait décrétées, à ton grand dam, les uniques repas du soir, sa langue déviait là-même sur les chemins entraînants d'un air russe. Puis, elle s'écriait :

« Bondieu-Seigneur-La Vierge Marie ! Petit bonhomme, va me chercher mes pommades, foutre ! »

S'enduire le dos des mains et les fentes des doigts de cette mixture grisâtre et frette au nom américain de *Molton* lui était une manière de mise en belleté. C'était là son rouge à lèvres, son vernis à ongles. Pour le pourtour des lèvres, par contre, elle avait recours à une mystérieuse poudre-à-tousmaux que lui préparait, dans la plus grande discrétion, le quimboiseur Grand Z'Ongles du quartier mal famé des Terres-Sainvilles, une créature si-tellement redoutable avec sa canne à pommeau et sa démarche saccadée qu'il paraît que la Diablesse elle-même lui obéissait au doigt et à l'œil. Cheveaux-trois-pattes, esprits-souclians doués d'un envol fabuleux, Antéchrist carnassiers et autres Maskilili-gros-talons étaient également à sa dévotion. Si bien que le jour de sa mort sera un vaste charivari quelques années plus avant : les forces du mal se rebelleront, le contraignant à pendre son corps avec sept cravates fabriquées à l'aide de sept tissus différents. Cravate en soie pour payer le prix de ses empoisonnements à distance ; en organdi pour ses enfollements de jouvencelles de bonne famille ; en kaki pour le débanquement subit de nègres enrichis ; en coton pour ceci ; en popeline pour cela.

Le rosissement du bord des lèvres et des mains de Rosalia affadit le scintillement de sa figure de négresse bleue. C'était en tout cas ce qu'elle prétendait chaque fois qu'elle les massait devant vous afin d'y faire pénétrer ses pommades-miracle. À ton avis, ce n'était point la franche vérité car elle était rien moins qu'une reine dont la noireté sublime de la peau imitait ces nuits d'hivernage, nuits si pures, après que le ciel eut dévidé ses avalasses de pluies entêtées. Le sombre arrondi de ses bras t'était émotionnement permanent. Souventes fois, tu devais te retenir pour ne pas y mordre comme un vrai ogre-agoulou à grand falle, un

13

grandgousier comme disait ce livre de Rabelais que tu ne lâchais plus depuis qu'un oncle te l'avait offert pour tes quinze ans.

« Du temps de mon jeune temps, te serinait-elle, toute une tralée de muscadins et de bambocheurs étaient à mes pieds, oui. Ils me suppliaient à genoux, ils m'envoyaient des lettres d'amour, ils dormaient à la belle étoile aux approchants de ma case à Rivière-Salée. Aujourd'hui, me voilà livrée à la déveine éternelle ! »

Elle croyait raide-et-dur que ce mal à l'origine inconnue (le docteur Berteau, ce couillon-là, ne savait que lui seriner « Patience ! Patience, c'est eczéma ! » tandis qu'à ton père il confiait un terme plus savant, celui de « psoriasis ») lui avait été expédié. Oui, bel et bien expédié ! Et par qui, s'il vous plaît ? Eh ben, par nul autre que ce chien-fer, ce scélérat sans manman ni papa d'Honorat Beausoleil, docker à la Transat pendant le jour et nègre de sac et de corde dans les bouges du Morne Pichevin et de Sainte-Thérèse dès que la nuit était par terre. Elle t'interdisait donc de lui bailler le bonjour lorsque monsieur passait au ras de votre maison, toujours proposant à ton père de s'occuper du jardin qui se trouvait en arrière de la cuisine.

« Messieurs et dames, vous n'imaginez pas la chance que vous avez de bénéficier de cette languette de terre en pleine ville, déclarait-il à tes parents d'un ton faussement humble. Laissez-moi y faire lever gombos, laitues, oignons-pays, épinards, citronnelle ! »

Ta mère avait eu le malheur de céder à ses pressantes sollicitations et Rosalia avait bien dû admettre qu'il était agréable d'avoir tous ces légumes à demeure bien qu'elle s'appliquât à ne point entrevisager son prétendant et encore moins à répondre à ses paroles sirop-miel. Dès qu'elle le savait en train de bêcher quelque part dans le jardin, elle s'élançait à tue-tête dans une romance du temps de Saint-Pierre exprès pour le faire enrager car elle savait qu'il avait horreur d'être distrait lorsqu'il se trouvait en pleine besogne. La voix de votre servante te plongeait quant à toi dans un ravissement sans nom. Elle éveillait les rumeurs et même les senteurs d'une époque que tu devinais fort excitante :

Ki bèl bann... ki bèl kontribann
Nou sirprann o Fon Koré a !
Sé lavèv épi dwanyé-a
Rival-la dézolé di sa

Lafanmi byen dézolé
Yo pran lavèv, yo èkzilé'y
Yo voyé'y monté Parnas
Fanm-la privé dè sé plézir

Agoulou, pa kalé djôl ou !
Agoulou, pa kalé, djôl ou !
Ou two santiman, sa ou vini chèché ?

(Quelle sacrée bande... Quelle belle contrebande
Nous avons surprises à Fonds Cohé !

15

C'est la veuve et le douanier
Le rival en est désolé

La famille est bien désolée
Ils se sont emparés de la veuve pour l'exiler
Ils l'ont expédiée à Parnasse
La femme est privée de ses plaisirs

Ô vorace, ne trousse pas les lèvres !
Ô vorace, ne trousse pas les lèvres !
Tu es trop veule, qu'es-tu venu chercher ?)

Tu voyais Honorat Beausoleil ruisseler de sueur sous le soleil, l'air très concentré, arrachant les mauvaises herbes d'un geste rageur. Il avait planté son coutelas en terre comme s'il s'était agi d'une lance de guerrier antique, et ce qu'il s'imaginait être une manière de défi à l'égard de Rosalia n'avait pour tout effet que de pousser ta servante à redoubler de taquineries. Elle ouvrait le frigidaire et s'exclamait :

« Raphaël, tu as encore bu toute la bouteille d'eau glacée, espèce de sacripant ! Comment le monsieur va-t-il chasser la chaleur du rhum dans son gosier tout à l'heure, hein ? »

Tu savais que c'était là pur mensonge. Toutes les demi-heures, Honorat te sollicitait pour lui apporter un verre de rhum qu'il avalait d'une traite et qu'il adoucissait aussitôt après avec de l'eau glacée. Quand il n'y en avait pas, il s'asseyait avec brusquerie sur le sol, s'épongeait le front et pestait contre ces mulâtres qui ignoraient qu'un nègre travailleur tel que lui avait besoin d'un remontant pour tenir la brise. Tu n'ignorais point que son ire n'était point dirigée contre tes parents mais bien contre cette enquiquineuse de Rosalia qui, non contente de lui refuser ses faveurs, lui empoisonnait l'existence dans l'espoir de le voir renoncer définitivement à son job. Au début, le docker avait essayé de faire de toi son allié dans son infatigable quête amoureuse. Il t'avait offert des petits soldats de plomb en uniforme rouge de la police montée canadienne qu'il avait sans doute dérobés, au dire de ta mère, de quelque arrivage destiné à monsieur Régnier, le patron de la célèbre Maison des Jouets de la rue Schœlcher. Un vieux-blanc, toujours vêtu d'un short et d'une chemise largement déboutonnée qui laissait voir sa poitrine velue, qu'on avait fini par considérer comme créole vu que nul ne se rappelait depuis quand il vivait en Martinique et qu'en outre, il avait épousé une mulâtresse que le destin avait failli laisser sur le carreau à cause de son insignifiance physique. Mais tu n'avais aligné ta minuscule armée que trois mois durant car, brusquement, entre douze et treize ans, tu avais basculé de l'enfance béate à l'adolescence boudeuse. Tu avais commencé à te réveiller de fort méchante humeur, sans que rien de précis en soit la cause, ne répondant que par un vague grognement au bonjour de tes parents. Puis, tu t'asseyais sur le rebord de la petite cour cimentée qui séparait la maison du jardin et tu laissais ton regard errer sur les carreaux de laitues et de tomates, les feuilles des trois bananiers-makandja qui s'agitaient curieusement comme des chasse-mouches, ton regard finissant par se poser sur les branches de l'imposant prunier du Chili aux fruits si jaunes sur lequel des merles, des tourterelles et un carouge mélancolique avaient élu domicile. C'est Honorat qui t'avait signalé la présence de cet oiseau d'ordinaire peu visible, surtout en ville, et l'amoureux de Rosalia en avait conclu, du ton docte qu'il prenait avec toi, qu'il s'agissait d'un signe.

« C'est un signe ! » insistait-il en pointant l'index vers le ciel.

Ce mot abstrait ne voulait rien dire pour toi. À force de sous-entendus de sa part, tu avais fini par comprendre qu'il entretenait un rapport certain avec des pratiques sorcières, voire avec l'au-delà. « Signe » ne... signifierait désormais plus pour toi que « signe maléfique ». Voyant que tu ne cherchais pas à lui faire éclaircir son propos, il changea d'attitude du tout au tout. Il se mit à te considérer comme un petit homme en cessant de s'adresser à toi dans son français chaotique et en usant de son gros créole, rugueux mais imagé, d'homme du peuple qui te charmait :

« *Man ka di'w sa, boug, fanm, hon !... fanm sé an ras, wi !* » (Je te le dis, mon gars, les femmes, hon !... Les femmes, c'est une race à part !)

Quand il se rendit compte qu'Evguéni était bel et bien entré dans le cœur de celle qu'il convoitait, il se mit à négliger l'entretien du jardin au grand mécontentement de ta mère. Il oubliait de venir arroser la laitue laquelle noircissait au soleil, ou laissait le manguier-bassignac crouler de fruits qu'il ne cueillait pas mais se contentait de récolter par terre au petit matin quand il s'avisait que leur concentration, et surtout leur pourrissement, provoquaient des nuées de moustiques et de maringouins. Pensant regagner l'attention de Rosalia, il chantait le couplet favori de celle-ci lorsqu'elle allait mettre le linge à l'ablanchie sur une ligne tendue entre deux cocotiers nains :

Lavèv di nou i byen fouben
Si i ansent, i a akouché !
I té fè tan pran plézi li,
I ké sa sipôté lapenn li

(La veuve nous a déclaré qu'elle s'en fout
Si elle tombe enceinte, elle accouchera !
Elle avait bien pris son plaisir,
Elle saurait supporter sa peine)

Rosalia faisait celle qui n'entendait rien et entamait une autre romance en évitant de laisser traîner son regard jusqu'au jardin. À quatre heures de l'après-midi, elle se douchait nue, à grands seaux d'eau, près du bassin, insoucieuse de ta présence et de celle d'Honorat, lequel aurait dû avoir achevé son travail depuis une bonne heure au moins. Sa chair plantureuse et ferme émouvait l'homme d'âge mûr et le presque adolescent qui cessaient tout d'un coup de discuter pour tenter d'apercevoir le maximum sans en avoir l'air. Une fois séchée, elle te hélait :

« Raphaël, mes pommades, s'il te plaît ! »

Honorat Beausoleil t'enviait à cet instant-là. Il t'aurait payé cher pour redevenir un garçonnet afin d'aider Rosalia à enduire de pommade ses doigts et ses pieds, elle qui n'était enveloppée qu'à moitié dans sa serviette de bain qui, s'entrebâillant à chaque mouvement de sa part, laissait voir ses seins en forme de papaye ou le triangle tentateur de son entrecuisse. N'y tenant plus un après-midi, le docker te soudoya avec un jouet extraordinaire — un gros avion électrique qui allumait ses phares et se déplaçait en tanguant sur le ciment inégal de la cour — et prit ta place pour masser les pieds de Rosalia. Occupée à ôter les points noirs de son visage à l'aide d'une minuscule pince et d'un miroir ovale (cadeau d'amour d'Evguéni), ta servante, qui avait posé son pied droit sur un tabouret, ne s'aperçut d'abord de rien. Elle ne prit conscience du changement qu'à l'extrême douceur du frottis exercé par Honorat et à sa main qui, n'y tenant plus, s'aventura le long de ses jambes effilées.

« *Isalôp !* » (Salopard !) hurla-t-elle en fracassant le miroir sur le crâne dégarni du docker. « *Tiré tjou'w la, wi ! Man ka fouté'w an kout razwè an tjou'w !* » (Barre-toi ou je te flanque un coup de rasoir !)

Sans demander son reste, Honorat Beausoleil, dont le front arborait une estafilade qui pissait du sang, repartit jusqu'à la cahute où, au fond du jardin, il rangeait ses outils et se changeait à son arrivée le matin. Il ne devait plus jamais revenir chez vous et chaque fois que ton père, qui n'avait rien su de l'incident, demandait de ses nouvelles à ta mère, laquelle avait pris fait et cause pour Rosalia, elle répondait d'un ton indifférent :

« Le nègre n'aime pas le travail, tu le sais bien. Cet Honorat, il a dû trouver une combine sur le port pour vivre sans se fatiguer. Bof ! Rosalia s'occupera du jardin… »

Cette dernière ne te reprocha pas d'avoir permis au docker de se substituer à toi et continua à avoir recours à tes soins pour passer ses pommades. Sans doute s'imaginait-elle que le bougre avait fait pression sur toi mais ta mère se saisit de l'avion électrique et le relégua au galetas parmi un lot de chaises cassées, de fers à repasser usagés, de vêtements devenus trop courts et d'un vol de chauve-souris qui prenait un malin plaisir à s'ébrouer, en lâchant des fientes, dès que quelqu'un ouvrait la trappe menant à leur antre. Evguéni devint donc le seul maître à bord. Il n'entrait pas chez vous, se contentant de s'asseoir à même le large trottoir, peu fréquenté il est vrai, et attendait que Rosalia eût achevé de s'attifer. Elle prenait son temps, se parant d'un madras rouge vif en haut duquel elle accrochait une épingle tremblante, ce bijou créole qui ressemble à un insecte dont les anneaux vibrionnent à chaque pas de la personne qui l'arbore. Les amoureuses y attachaient un brin de cheveu de leur bien-aimé et, tout naturellement, Evguéni avait offert à Rosalia un fil blond qui faisait crever de jalousie les autres servantes du quartier, et la tienne avait désormais cessé d'accompagner au cinéma le samedi soir. Tu te penchais par le balcon pour épier le marin russe, faisant un petit bond en arrière chaque fois qu'il levait les yeux. Il t'impressionnait. Sa grande carcasse un peu voûtée, ses yeux bleus qui pétillaient de malice, ses bras qui semblaient l'embarrasser et qui brassaient l'air quand il avançait, tout ce qui, sans nul doute, avait envoûté Rosalia, te faisait frissonner. Une fois qu'elle s'estimait pommadée-pomponnée-fardée-vernissée, la câpresse descendait les marches quatre à quatre à la rencontre de son homme en chantant :

Mwen ka travay si jou dan lasimenn
Elas ! Twa jou pou mwen
Twa jou pou doudou mwen
Sanmdi rivé, Blan-a pa péyé mwen !
Fanm-la pran an pwanya
pou i sa pwanyardé mwen !

(Je travaille six jours dans la semaine
Hélas ! Trois jours pour moi
Trois jours pour mon chéri
On est samedi et le Blanc ne m'a pas payé !
La femme s'est emparée d'un poignard
pour me poignarder !)

Rosalia s'asseyait aux côtés du Russe sans l'embrasser ni prononcer une seule parole de bienvenue. Ils se regardaient les yeux dans les yeux, énamourés, l'un chantonnant quelque mélopée tsigane, l'autre une romance créole, et cette étrange confrontation ne provoquait aucune cacophonie mais bien au contraire un hymne plein de douce exaltation. Un hymne à leur amour. À la belleté du soir qui descendait en fines volutes sombres. Les deux êtres s'étreignaient à la nuit close, toujours avec tendresse, et, front contre front, continuaient leur duo. Ta sœur Chantal venait te rejoindre au balcon d'où vous observiez le couple avec le même étonnement chaque soir renouvelé. Elle était furieuse contre Evguéni parce que, innocemment, il avait demandé à ta servante si ta mère avait enfanté ses quatre enfants « avec quatre papas différents ». La chevelure lisse et noire, les pommettes asiatiques, la peau chocolatée de ta sœur contrastaient, il est vrai, très fort avec la rousseur crépue qui couvrait ta tête, tes lèvres trop minces, qui t'avaient fait surnommer *Djôl zanndoli* (Gueule de lézard-anolis) par ton ennemi de Grand-Anse du Lorrain, Étienne dit Gros-Tête, et bien entendu la pâleur de christophine mûrie sous son feuillage de ton teint. Jusque-là, tu ne t'étais même pas rendu compte que Chantal ressemblait à une demi-Hindoue, que ton frère cadet, Miguel, avait l'air d'un demi-Chinois et ta deuxième sœur Monique d'une demi-Hispanique. Vous aviez, en effet, tous le même faux air et Evguéni, l'homme de la toundra, ne pouvait pas savoir que, dans les îles si métissées des Antilles, le faux air tissait un lien de parenté plus fort que l'air (de ressemblance). Tu ressemblais, par exemple, à des dizaines d'autres chabins avec lesquels tu ne partageais pourtant aucune alliance de sang. C'est pourquoi ta mère fut loin de se formaliser de la remarque —

innocente — du marin en dérade. Personne ici-là, aucun Créole, n'aurait eu l'idée saugrenue de s'inquiéter que son frère ou sa sœur n'eût pas la même couleur de peau ou le même grain de cheveu que lui. Et d'ailleurs, le plus sûr moyen d'identifier des demi-frères ou demi-sœurs, fruits des amours clandestines de quelque père cavaleur, était de repérer leur faux air. Parfois, sur la tombe de géniteurs impénitents, on voyait se rassembler toute une tralée d'enfants provenant de toutes sortes de mélanges de races, enfants qui vingt ou trente ans durant avaient ignoré leur existence mutuelle, et qui, là, au moment de la mise en terre de leur père, étaient contraints et forcés, à cause de leur faux air, de se serrer très fort les mains ou de s'embrasser, chacun repartant après suivre son propre destin.

Miguel et Monique étaient trop petits pour partager la colère de Chantal. Aussi ne participaient-ils pas au jeu qu'elle avait imaginé en guise de vengeance contre Evguéni, jeu qui consistait à lui verser sur l'en-haut du crâne des gouttes d'eau glacée à l'aide d'un biberon hors d'usage. Mais le bougre était tellement emporté par son chant qu'il ne réagissait même pas. Du moins jusqu'à ce que son visage soit recouvert d'une fine rosée et que Rosalia, qui posait de temps à autre sa joue contre la sienne, s'en émeuve. Longtemps, elle crut que son bien-aimé transpirait bien qu'à cette heure du soir, il fît plutôt frisquet. Quand elle découvrit le pot aux roses, elle grimpa au balcon et tira les oreilles de Chantal avec une dureté qui te surprit.

Rosalia avait, en effet, le droit de châtier la marmaille. Cela faisait, semble-t-il, partie de ses attributions tout autant que balayer, repasser ou faire cuire le manger. Jamais ton père ou ta mère ne levaient la main sur l'un d'entre vous. Ils se contentaient de vous tancer vertement, quand vous aviez commis quelque bêtise, et vous menaçaient :

« Quand Rosalia saura ça, elle va régler votre compte ! Vous ne perdez rien pour attendre. »

Votre servante ne se privait guère de vous flanquer des calottes, de vous tailler les fesses à l'aide de cette cravache en corde-mahault qu'elle avait suspendue derrière la porte de la cuisine, de vous bailler des chiquenaudes sur la tête à l'aide de son index recourbé ou de vous chiffonner les oreilles, comme elle disait dans sa parlure pittoresque. Elle agissait ainsi sans méchanceté aucune, avec application et sérieux, parce qu'il était nécessaire, affirmaient les grandes personnes, de corriger les enfants pendant qu'il était encore temps. Les coups faisaient partie de toute éducation qui se respectait. Sinon, vous cessiez de pousser droit et, un beau jour, vous injurieriez votre mère ou lèveriez la main sur votre père, ce qui, à la longue, pouvait vous conduire au 118 pour un séjour plus ou moins prolongé. Ce numéro était celui de la prison de Fort-de-France que nul ne nommait jamais par son nom et dont on omettait, tout aussi volontairement, le nom de la rue où elle se trouvait.

Pour son homme, Rosalia était donc capable de toutes les extrémités. Elle pouvait pincer ta sœur

Chantal presque au sang, se gourmer comme une harpie avec la servante d'une maison voisine qui avait tenté d'aguicher le marin russe, chasser Honorat Beausoleil à l'aide d'un balai quand le bougre, tenace comme une colle-roche, revenait à la charge et même tenir tête à tes parents lorsqu'elle n'était pas d'accord avec une décision qui avait trait à la bonne marche du ménage.

Quand Evguéni décéda (le fil de son cœur céda sous les assauts répétés du tafia, selon le diagnostic populaire), elle ne se vêtit plus qu'en noir de la tête aux pieds. Elle fut la seule à suivre son cercueil au cimetière des pauvres. On assure qu'elle lui chanta des romances mais que pas une larme ne jaillit du coin de ses yeux, pas un soupir, aucune de ces extravagantes démonstrations de désespoir dont étaient coutumières les veuves créoles. Rosalia demeura très digne tout au long de sa période de grand deuil qui dura environ six mois puis, peu à peu, son allégresse sembla renaître. Elle se remit à accompagner chacune de ses activités quotidiennes de chansons de Saint-Pierre qui finirent par se graver dans ton esprit. Surtout ce couplet qu'elle semblait tout particulièrement affectionner :

Mwen fè an charm pou charmé lanmou
Elas ! Mwen réfléchi, ayen di fôs pas bon
Mwen pran charm-la, mwen jété'y dan lanmè
Si nonm-la enmen mwen, i a maché dèyè mwen !

(J'ai fabriqué un charme afin de charmer l'amour

26

Hélas ! J'ai réfléchi, rien qui se fait forcé et contraint n'est bon
J'ai saisi le charme, je l'ai jeté à la mer
Si l'homme m'aime, il n'a qu'à me faire la cour !)

La librairie Clarac

Symphonie — ainsi l'avait-on surnommée à cause de ses murmures incessants aux accents d'harmonica — était une très ancienne négresse-tête-sec à peine désauvagée. Sans doute faisait-elle partie de ces femmes à qui la vie, et la charge de défortune qui l'accompagne, avait désappris à sourire. Elle se tenait aussi roide qu'un oiseau-kayali, presque sur une seule jambe, à la devanture de la librairie Clarac, te terrorisant de son regard inquisiteur. Tu y devinais non point interrogations ou supputations sur ta petite personne mais certitudes sur le forfait que tu t'apprêtais à commettre. Il te semblait qu'elle savait lire dans tes pensées et qu'elle se réjouissait à l'avance des passages de livres qui resteraient à jamais gravés dans ta tête, une fois que tu aurais volé au libraire quelques pages de lecture. Car tu étais un gredin d'une étrange espèce. Bien trop capon pour dérober vraiment quoi que ce soit, tu te faufilais derrière les rayons ou entre les jambes des grandes personnes et t'enfiévrais d'Alberto Moravia, de Félicien Marceau ou d'Henri Troyat. Plus rarement de Rabelais ou de Zola qui demandaient une attention plus soutenue. Ainsi un jour, tu es prêt à le jurer sur la tête de ta marraine !, au sortir de la librairie, tu avais entendu Symphonie prononcer de manière distincte, en pointant un doigt dénonciateur dans ta direction, cette phrase sublime qui définissait toute la personne de Thérèse Raquin :

« Elle tenait soigneusement cachées au fond d'elle toutes les fougues de sa nature. »

Épouvanté, tu n'avais fait ni une ni deux : tu t'étais escampé vers le Bord de Mer où t'espérait Marraine Lily, sûrement occupée à discutailler avec quelque négociant blanc-pays de la cherté des caisses de morue séchée que nous expédiait la Norvège ou des sacs de pois rouges, des barriques de beurre salé, des bouteilles de jus de raisin-France qui supportaient si mal le voyage transatlantique. C'était forcément jeudi. Ce jour-là, il n'y avait pas école et ta tante descendait de sa campagne si lointaine de Grand-Anse du Lorrain, afin d'approvisionner sa boutique en marchandises, pour toi, exotiques. Son plaisir consistait à démarcher tous les négoces du Bord de Mer dans le but d'obtenir les meilleurs prix. Elle s'imaginait être l'amie-ma-cocotte de ces hobereaux à particule, les Galion de Saint-Aurel tout particulièrement. Tu te lassais vite de cette drive et ta tante te libérait en te baillant deux francs et quatre sous, sachant où tu irais te réfugier, parfois des heures durant. Au début, tu avais rôdaillé autour de la bibliothèque Schœlcher mais sa masse altière et froide t'avait tellement impressionné que tu n'avais pas eu le cœur de grimper les quelques marches qui conduisaient à ce paradis. Tu enviais les lycéens au front soucieux qui, leurs paquets de cahiers et de livres sous le bras, s'y engouffraient sans vergogne.

La librairie Clarac te parut plus amicale malgré l'attitude pour le moins inquiétante du propriétaire des lieux. Ce dernier, un genre de mulâtre-blanc presque aussi long que le Mississippi, toujours affublé d'une paire de lunettes à monture dorée qui lui descendait comiquement sur la pointe du nez qu'il avait effilé comme ceux de sa race, lorgnait ses clients comme s'il avait affaire à des repris de justice récemment sortis de la geôle. Tu t'étais rendu compte, à la longue, qu'il devait être affecté de quelque faiblesse de la vue et qu'il utilisait ce stratagème dans l'unique but d'effrayer les chapardeurs potentiels. En réalité, les amateurs de « journaux cow-boys » tels que *Buck John* ou *Hoppalong Cassidy* et les amatrices de « journaux d'amour » italiens aux photos violemment colorées, *Dolce Vita* ou *Amore mio*, en faisaient d'abondantes provisions sans qu'il en prît aucun sur le fait. Il ne lui restait plus, le surlendemain, qu'à saisir par l'épaule quelque présumé coupable et à l'agonir d'injures jusqu'à ce que ladite victime fasse la preuve de son innocence. Il n'allait tout de même pas farfouiller à l'en-bas des jupons-cancan des petites bonnes de la rue Victor-Hugo et il était vain d'espérer de la part de ses deux vendeuses, femmes d'âge mûr à l'air revêche, une quelconque aide.

À force d'épier les allées et venues dans la librairie, d'observer le propriétaire sous toutes les coutures, tu t'étais résolu, un après-midi de carême, à y pénétrer, ton cœur chamadant comme si tu venais de faire une course-courir. Personne ne prêta attention à ta modeste personne et tu avais pu parvenir jusqu'au rayon des livres de poche, celui qui t'attirait le plus. Tu t'étais mis à caresser le dos des ouvrages d'une main peu sûre. Une sensation d'ivresse s'empara de toi. Tu n'entendais plus rien. Tu avais le sentiment d'être seul avec cet amoncellement de merveilles. Tes yeux glissadaient à toute ballant sur les noms des auteurs ou les titres : Henri Benoît, Saint-Exupéry, François Mauriac, Giono, *Le petit chose*, *Germinal*. Enhardi, tu avais ôté du rayon un ouvrage dont la violente couverture rouge et or te statufia si fort que tu l'avais aussitôt remis à sa place sans prendre le temps de déchiffrer ce qui y était marqué. Au même moment, un trafalgar avait pété entre l'une des vendeuses — dont le surnom de Man Fèfène allait vous devenir familier — et une gourgandine aux nattes soigneusement attachées par deux nœuds jaunes. L'affaire avait pour cause, à ce que tu avais pu en saisir, la non-réservation par Man Fèfène d'un ouvrage que la mamzelle avait désiré la semaine d'avant. La vendeuse grommelait :

« Allez vous faire fiche ! Allez vous faire fiche, oui ! »

Le propriétaire se précipita au fond de la librairie et, prenant la jeune fille par le bras avec grâce, lui déclara du ton le plus siroteux qu'il put :

« On vous trouvera un exemplaire à la réserve, mademoiselle Saint-Amand. Je m'en vais vous le chercher de suite. Patientez dans mon bureau, je vous prie. »

Sans se départir de son air boudeur, la jeune dame, qui était d'une belleté incroyable à tes yeux (elle devait avoir la vingtaine finissante), s'assit sur une chaise et attendit qu'on satisfît sa demande. Soudain, ses yeux tombèrent dans les tiens et elle éclata de rire. D'un rire si-tellement brusquant que tout un chacun te fusilla du regard. Du moins est-ce le sentiment que tu avais éprouvé quand d'un seul coup les deux vendeuses, le propriétaire ainsi qu'une grappe de clients goguenards te dévisagèrent avec incrédulité.

« Qu'est-ce que tu fais là, toi ? te lança la vendeuse-adjointe. Où es ta manman ? Mesdames, cette petite marmaille-là est à l'une d'entre vous ? »

Toutes répondirent par la négative évidemment. Le propriétaire, homme de courte patience, te demanda ton nom, ton adresse, le numéro de téléphone de tes parents et te fouilla dans l'espoir, déçu, de trouver quelque ouvrage volé. Pas un son ne tigea de ta bouche et devant le cocasse de la situation, un miracle se produisit : la demoiselle Saint-Amand, que tu ne connaissais ni en bien ni en mal, commit une grosse menterie :

« Je le reconnais, affirma-t-elle, c'est le neveu de l'une de mes proches voisines. Il aime fausser compagnie à sa mère mais c'est un gentil petit bougre. Allez, viens, Raymond, je te ramène chez toi. »

Quoique désemparé par l'étrangeté de la situation, tu n'avais eu d'autre recours que d'entrer dans son jeu. Ainsi avais-tu réussi à sauver ta peau. Elle te tint par la main et entreprit de te mignonner les cheveux, s'étonnant de leur rousseur. Elle voulut savoir ton âge, s'émerveilla qu'à douze ans, tu fusses déjà si audacieux, et finit par te susurrer toutes sortes de doucereusetés à l'oreille. Près d'une demi-heure s'écoula sans que le propriétaire émergeât de sa réserve qui se trouvait au galetas de la librairie. Mademoiselle Saint-Amand, pour tuer le temps probablement, t'interrogea sur tes lectures et s'étonna une nouvelle fois de ton peu d'intérêt pour les bandes dessinées.

« Moi qui voulais t'offrir... hum ! Tu aimes quoi ? Allez, dis-le-moi ! »

Sans ouvrir la bouche, tu l'avais entraîné en direction du rayon des livres de poche et avais choisi *Pantagruel*. Les grains de ses yeux — au vert si émotionnant — devinrent plus ronds que des agates. Elle tourna et retourna le volume, tenta d'en lire un passage, y renonça, s'y plongea une deuxième fois sans succès pour finir par avouer :

« Moi, je préfère Colette... »

Tu entendais le nom de cet auteur pour la toute première fois et quand, bien plus tard, tu en viendrais à le lire, son nom resterait définitivement attaché à la sublimissime figure de cette jeune mulâtresse. Elle se tua quelques années après votre rencontre, en 1966 ou 67, te semblait-il, après avoir avalé un tube de Rubigine, liquide qui servait à enlever les taches de graisse récalcitrantes sur les vêtements, cela à cause du chagrin d'amour que lui avait infligé un baliverneur du quartier des Terres-Sainvilles, repaire d'aigrefins et de majors au rasoir facile, assurait ton père. La jeune bourgeoise avait non seulement franchi les barrières de sa classe mais avait sans doute trop lu Colette. La littérature pouvait donc tuer et tu ne le savais point au moment où elle t'acheta cet exemplaire de Rabelais. Comme tu le pressentais, le propriétaire de la librairie Clarac revint bredouille et se confondit en plates excuses, en courbettes et autres obséquiosités un peu indignes d'un homme de son âge. Mamzelle ne prit même pas sa hauteur et t'emmena dehors. Dès que la négresse Symphonie te vit, elle sautilla sur son unique jambe (l'autre étant en permanence repliée) et, d'un ton farcesque, vous fit :

« Un petit brin de charité, messieurs-dames ! Baillez un petit sou à une pauvre créature que le Bon Dieu a mise sur terre un jour qu'il était visité par une terrible colère. »

Elle s'exprimait bien sûr dans le parler créole mais ses propos avaient l'élégance vieillotte de la traduction que tu en faisais dans ta tête (car, à cette époque-là, tu avais l'étrange manie de traduire en français toute parole qu'on t'adressait en créole quand bien même tu la comprenais d'emblée). Comme si tu voulais corriger quelque faute de langage. Mamzelle Saint-Amand sourit à la clocharde et lui déposa délicatement une-deux piécettes dans le plat de la main.

« Bonne lecture, messieurs-dames et merci,

oui ! » s'exclama Symphonie à la fois étonnée et ravie.

La rencontre entre Marraine Lily et la jeune mulâtresse fut un succès. Toutes tes craintes s'effondrèrent à l'instant même où les deux femmes s'entendirent sur ton dos pour légiférer que « les petits bonshommes sont, final de compte, aussi emmerdants, sinon plus, oui, que les grands bonshommes ». Tu ne saisissais rien à une telle philosophie. L'essentiel pour toi fut d'avoir été sauvé d'une situation embarrassante. Ta marraine n'aurait jamais admis que son petit chabin ait pu s'adonner à de tels larcins alors qu'à son arrivée en ville, chaque jeudi de beau matin, quand elle passait te chercher chez tes parents, son premier geste, avant même de te bailler deux baisers sonores, était de fourguer des espèces sonnantes et trébuchantes au fond de la poche de ton short. De ce jour, tu revenais à la librairie Clarac un peu pour les livres, beaucoup pour mamzelle Saint-Amand mais tu ne devais jamais plus la revoir. Tu n'osais pas, au début, questionner Man Fèfène ou sa collègue, encore moins le propriétaire, lequel finit par s'habituer à ta présence hebdomadaire. Ton cœur était en proie à trente-douze mille douleurs chaque fois qu'ayant traînaillé deux heures et quelque à travers les rayons, tu devais renoncer à attendre la venue de ta mulâtresse adorée. Alors, en guise de compensation, tu avais acheté et lu toute l'œuvre de Colette. L'auteur de *Chambre d'hôtel* et la personne de mamzelle Saint-Amand finirent par devenir une seule et même personne dans ta tête à mesure que les jours remplaçaient les jours et que la probabilité d'une nouvelle rencontre avec la seconde se faisait aussi vaine que l'espoir de floraison du papayer mâle.

Une romance, égrenée au petit matin par Rosalia, t'aidait à entretenir ta flamme pour la mystérieuse jeune femme :

Kan sé gwo bato-a
ka jété lank dan larad-la
Sé zofisyé-a ka désann an abi doré
Yo ka pwonmèt nou bèl madras épi foula
mé yo ka lésé ba nou
an gran mouchwè pou nou pléré

An sipozisyon lé zofisyé di bô
sé ka gadé mwen, mwen sé di yo
Initil zôt gadé mwen
Mwen ni an bosi ki ka ba mwen
Tou sa ki fo mwen
A katrè-d-maten, lajan déjiné mwen asou tab mwen

(Quand le gros bateau
jette l'ancre dans la rade
les officiers y descendent en habits dorés
Ils nous promettent de beaux madras et des foulards
mais ils ne nous laissent
qu'un grand mouchoir pour pleurer

Si d'aventure les officiers de bord
jetaient les yeux sur moi, je leur dirais

36

qu'il est inutile de me regarder
J'ai un bossu qui me baille
tout ce dont j'ai besoin
À quatre heures du matin, l'argent de mon
déjeuner est déjà sur ma table)

À vrai dire, la librairie Clarac était fort mal
rangée et même les livres de poche n'obéissaient
pas à un classement par numéro ou par auteur. Tu
avais compris par la suite que le propriétaire avait
renoncé à inculquer d'élémentaires notions de
logique à ses deux vendeuses au tempérament
créolasse. Il suffisait qu'un client distrait rangeât au
hasard un livre qu'il avait ôté de son rayon pour
que celui-ci fût jugé perdu. Mais des mois ou des
années plus tard, un autre client le retrouvait
replacé, soigneusement replacé, dans un rayon où
il n'aurait jamais dû figurer. Ce désordre, qui faisait
le charme de la librairie Clarac, t'initia peu à peu
aux délices de la découverte fortuite. Souventes
fois, il t'arrivait de te rendre à grandes enjambées
dans ce temple profane, déterminé à y acheter un
livre précis, et à en repartir avec un tout autre sous
le bras, pour la bonne raison que personne dans la
librairie ne parvenait à mettre la main sur celui que
tu désirais si fort. Grâce à ce fabuleux désordre, tu
avais pu découvrir *La jument verte* de Marcel Aymé,
Vipère au poing d'Hervé Bazin ou *La mère* de Pearl
Buck, roman qui t'emplit d'une émotion dont tu
avais mis des siècles de temps à te départir. Tu avais
rêvassé une charge de temps sur *Le moulin de
Pologne* de Giono avant de l'ouvrir. Sur la couver-

ture de l'édition du Livre de Poche, on distinguait une allée de terre brune conduisant à une haute demeure au toit couvert de tuiles rouges, devant laquelle broutait une esquisse de cheval noir. Des deux côtés de l'allée, des arbres étiques, dont l'allure et bien entendu le nom vous étaient inconnus, renforçait la douce mélancolie qui se dégageait de l'ensemble. Tout cela contrastait très fort avec l'insolence solaire de ton île où il y a si peu de place pour le flou, l'ombre et la lumière se départageant leur territoire quasiment au couteau.

Et puis ce nom étrange de Pologne qui désignait dans ton imaginaire la contrée la plus lointaine que l'on pût imaginer ! En effet, ta grand-mère paternelle étant d'ascendance chinoise, celui de « Chine » ne recouvrait guère de mystère pour toi. Bientôt, ta chambre fut encombrée d'Alexandre Dumas, de Zola, de Mazo de La Roche, de Montherlant, d'André Maurois, d'Alberto Moravia, de Daphné Du Maurier et d'une quantité inumérable d'autres « seigneurs » (c'est le titre que tu leur baillais, celui d'« auteur » te semblant insuffisant) parmi lesquels il ne t'effleurait même pas l'esprit qu'on pût distinguer les bons des mauvais, les ennuyeux des passionnants. Tous satisfaisaient ta faim de lecture et, pour de bon, tu lisais comme tu mangeais. Journellement, pleinement, avec satisfaction et bonheur.

Ton père s'ahurissait de cette boulimie livresque ainsi que de ton peu d'entrain à regarder les filles. Ta mère semblait plus fière. Quant à Marraine Lily, elle n'émettait aucune opinion sur l'utilisation que tu faisais du pécule du jeudi qu'elle continua à t'octroyer jusqu'à ce que tu aies atteint la classe de première au lycée Schœlcher. Subitement, un jour qui demeurera gravé dans ta mémoire comme l'un des plus sombres de ta vie, tu avais trouvé la librairie Clarac fermée. Cela dura, te semble-t-il, presque un siècle de temps. Tu avais perdu tout net et l'appétit et le sourire. Tu ratais toutes tes dissertations, agaçant au plus haut point ton professeur de français qui avait placé en toi d'immenses (et sans doute démesurés) espoirs. Chaque midi, tu passais et repassais à la devanture du bâtiment qui demeurait obstinément clos. Cela ne semblait chagriner aucune des nombreuses personnes qui badaudaient en ville à cette heure pourtant suffocante de la journée. Tu avais envie de les agripper au collet et de hurler :

« Réveillez-vous, tonnerre de Dieu ! La maison des livres est morte. Morte, je vous dis ! »

Mais les clients de feue la librairie Clarac s'étaient tout simplement dirigés vers d'autres enseignes. Après tout, elle n'était pas la seule librairie de Foyal. Cela, tu ne l'ignorais point mais en toi, cette librairie-là, celle qui avait auréolé ta prime adolescence, demeurait la plus belle, la plus grande, la plus merveilleuse et tu n'admettais pas qu'elle pût cesser de vivre ainsi sans crier gare. Symphonie était devenue soudainement muette. Tu avais beau l'interroger, elle ne réagissait que par un brusque changement de sa jambe d'appui, en ricanant de sa bouche édentée. Puis, lassée de te voir manger ton âme en salade, elle te livra le secret de cet événement :

« La mamzelle Saint-Amand, elle a fini avec la vie, oui. Le propriétaire de la librairie était son parrain. On ne l'a pas enterrée tout-de-suite-ment, la pauvre petite. Il a fallu faire des sima-grées dans son ventre. Une autopsie a dit Radio-Martinique... »

Bouleversé, le vieil homme s'était replié sur lui-même et avait simplement oublié d'ouvrir vingt-deux jours d'affilée. Il ne reprit ses activités que sur l'insistance de Man Fèfène et devant les pleurni-cheries de l'autre vendeuse, affolée à l'idée de se retrouver à la rue. Tu avais repris progressivement le chemin de la librairie Clarac mais elle n'avait désormais plus son parfum de mystère. D'autres lieux accaparèrent ton esprit sans que tu l'aies vrai-ment voulu. Tu étais devenu, ainsi, un déambula-teur passionné de l'allée des Soupirs, au beau mitan de la place de La Savane, à Fort-de-France. Le livre cessa d'être pour toi une icône pour devenir un (indispensable) compagnon de route.

La rue des Syriens

L'univers de Mansour se résumait à un couloir. Un moignon de couloir toujours plongé dans un demi-faire-noir que lui louait son cousin Abdallah, le Syrien le plus riche de la Martinique — affirmait Radio-bois-patate —, qui arborait, sous son tricot de peau, une bedondaine si imposante qu'on reconnaissait le bougre à un kilomètre de distance. Le magasin s'ornait d'une enseigne à néons criards indiquant *Rêveries d'Orient*. La rue s'appelait rue Victor-Hugo. Elle coupait la rue François-Arago dite rue des Syriens. Le couloir n'avait pas de nom. Le commerce de Mansour n'était que toléré par les gabelous municipaux, lesquels n'hésitaient jamais à prélever une dîme en nature sur les maigres marchandises du nouvel arrivant. Car ce bougre-là n'était pas natif-natal d'ici-là mais venait d'échouer d'un cargo bananier, passager clandestin vite découvert et condamné à laver et repasser le linge des marins. Lorsqu'il débarqua au quai de la Transat, il fila tout droit au mitan de l'En-Ville sans demander son chemin comme s'il y avait toujours

41

vécu, enjamba la place de La Savane où une grappe de fainéantiseurs municipaux l'observa d'un œil mi–goguenard mi–ahuri et se planta à la devanture du sieur Abdallah pour l'apostropher de la sorte (du moins à ce qu'en rapporta Radio-bois-patate car tu te trouvais là ce jour-là en train d'admirer une montre dans la vitrine et tu n'avais entendu que de l'arabe et ses sons si gutturaux) :

« Ô cousin bien–aimé, me voici venu du pays de nos ancêtres pour porter la bonne nouvelle en Amérique. Qu'Allah veille sur ta tête ! »

Le gros mastoc pointa le nez par sa fenêtre et fusilla son compatriote du regard, se grattant les aisselles qui étaient exagérément poilues et qui dégoulinaient de sueur. Considérant Sosthène, un djobeur sempiternellement désœuvré qui préten-dait avoir commencé à bander depuis le moment où il était apparu dans le ventre de sa mère, Abdallah lui demanda :

« *Sa ki ti grennchyen-tala ?* » (C'est qui cet avor-ton ?)

Sosthène partit d'un rire méchant. Son métier (si l'on peut dire) consistait à arpenter le trottoir de manière nonchalante tout en surveillant à l'en-bas des yeux les faits et gestes des chalands. Lorsqu'il prenait un voleur la main dans le sac, il se mettait à brailler :

« Lâche ça ! Lâche ça tout de suite, sacrée salope que tu es ! Pourquoi tu chapardes les affaires de monsieur La Syrie, hein ? Qu'est-ce qu'il a fait à ta manman, sacré tonnerre du sort ? »

En général, l'imprudent filait à la vitesse d'une

mèche en direction du Bord de Canal, abandon-
nant son butin par terre. Sauf s'il s'agissait d'un
major de quartier, car il suffisait à ces bougres-là de
brandir la lame effilée de leur jambette ou de leur
cran d'arrêt et de faire semblant de se raser une
barbe le plus souvent imaginaire pour que Sosthène en oubliât net ses velléités répressives et
entamât une danse de bel-air tout en chantant à
tue-tête un vieux chanter des mornes. Le Syrien,
qui n'y voyait que du feu, s'écriait, fataliste :

« Hon ! Voilà que Sosthène est encore tombé
fou, mes amis ! Eh ben Bondieu ! »

Tu admirais ces fiers-à-bras au verbe tonitruant
et aux muscles dignes d'Hercules noirs. Ils te semblaient être les maîtres du monde car la maréchaussée n'osait jamais interrompre leurs bravache-
ries. Seule la vieillesse avait le pouvoir de faire
baisser la lueur sauvage qui émanait de leur regard
et contraignait tout un chacun à courber l'échine
sur leur passage. Gros Édouard, du centre-ville,
Waterloo, de Bord de Canal, Fils-du-Diable-en-
personne, des Terres-Sainvilles, Bec-en-Or, du
Morne Pichevin, et tant d'autres convergeaient le
samedi de beau matin à la rue des Syriens après
s'être etcetera de fois rincé le gosier dans les
caboulots qui longeaient le canal Levassor. Une
amicalité, étrange à tes yeux, faite de rudesse et de
causers salaces, liait ces nègres grossomodos à la
gent levantine. Par contre, ta grand-mère, qui trô-
nait avec sa longue natte de Chinoise au comptoir
de son magasin de demi-gros, rue Antoine-Siger,
presque en face du Marché aux légumes, tenait,

quant à elle, ces deux catégories d'humanité en piètre estime. Les rafales d'arabe qui jaillissaient avec brusquerie de derrière les devantures encombrées de ballots de toile multicolore et de cartons de chaussure avaient le don de l'indisposer et elle troussait le nez lorsque le Syrien le plus proche de son commerce mettait trop fort le son de sa radio et que la voix plaintive de la même chanteuse, si étrangère à notre jovialité créole, t'insufflait une sorte de frisson irrépressible.

«Va lui dire de baisser son caquet ! » lançait-elle à Djigidji, son djobeur personnel qu'une fièvre parkinsonnienne faisait s'agiter à intervalles réguliers.

Ainsi donc, Abdallah croyait beaucoup dans le Bondieu et ce dernier n'était autre que Jésus-Christ (eh oui, le même que vous autres !), et c'est pourquoi il ne comprit pas pourquoi ce Sarrasin, fraîchement débarqué de son cargo bananier, l'affublait du titre ronflant de cousin. Abdallah répéta :

« D'où tu sors toi ?

— Du pays de Syrie, ô cousin vénéré ! murmura le débarqué.

— Tu ne vas tout de même pas laisser ta race pourrir sur le trottoir avec la chaleur qu'il fait ? » s'indigna Sosthène que la tête de Mansour avait convaincu d'emblée de sa bonne foi (tête qu'il trouvait exactement semblable à celle du propriétaire des Rêveries d'Orient en vertu du dicton créole selon lequel « tous les Syriens se ressemblent »).

Pestant contre Mansour en particulier et les musulmans en général — « Je suis maronite, moi, c'est-à-dire phénicien ! » ronchonna-t-il —, contre les cargos et leurs éternels passagers clandestins, contre la négraille au grand cœur de la trempe de Sosthène, contre ce foutu soleil de merde qui lui ramollissait les nerfs, Abdallah finit par offrir son couloir en location à son présumé cousin.

« Tu vas t'installer là… pour l'instant, lui lança-t-il. Prends deux sacs en guano dans la cour et fabrique-toi une couche pour la nuit. En attendant, vends-moi ça que je voie si tu es vraiment de la famille ! »

Et Abdallah de lui tendre trois chemises, un rouleau de popeline, quatre paires de chaussettes ainsi que deux montres en plastique. Le débarqué occupa son territoire sans sourciller. Sosthène en fut tout bonnement estomaqué. De même que Julien Couli, l'Indien venu de Basse-Pointe après la grande grève ouvrière qui avait secoué les plantations de canne à sucre en 1935. Vinassamy — c'était là son vrai nom — marchait sur trois pieds : les siens plus un balai-coco qui lui servait à rassembler les ordures qui encombraient les dalots de la rue des Syriens. Il gîtait au quartier Au Béraud, portion excentrée des Terres-Sainvilles où ceux de sa race cachaient leurs macaqueries et autres diableries qui indignaient tant les zélateurs de la sainte Église catholique, apostolique et romaine, à commencer par ta propre mère. Lorsque Sosthène disait à l'Indien qu'à force de rester planté là, sur son balai, il finirait par se transformer en roche, Vinassamy lui rétorquait, stoïque :

« *Kouli pa ka mò gran jou !* » (Les Indiens ne meurent pas en plein jour !)

Le balayeur municipal se prit d'emblée de sympathie pour le Levantin fraîchement débarqué, hocha la tête d'un air dubitatif et, considérant alors monsieur Abdallah, lui lança à la figure :

« Plus un Syrien a de l'argent en poche, plus il se montre safre. C'est tout ce que vous trouvez à offrir à votre cousin ! »

Entre-temps, Mansour avait disposé le plus artistement du monde les maigres marchandises que lui avait prêtées le propriétaire des Rêveries d'Orient. À même le sol mal carrelé, il avait étendu une sorte de tapis élimé retrouvé au fond de la cour sur lequel on pouvait encore distinguer une chasse au daim quelque part en Europe. Comme le couloir était plongé dans un faire-noir lugubre, il alluma une grosse lampe de poche, qu'il avait sans doute dérobée à bord du cargo bananier, et commença à vanter sa marchandise dans sa langue maternelle :

« Approchez, mesdames et messieurs ! Venez admirer ces montres électriques tout droit venues du Japon ! Cinquante francs pour une, quatre-vingts francs pour deux. Allez, approchez, n'ayez pas peur ! »

Évidemment, personne à la Martinique n'aurait eu l'idée saugrenue d'apprendre quelques mots du baragouin levantin mais tout le monde comprenait immédiatement de quoi il en retournait dès qu'un Syrien s'avisait de glorifier son achalandage.

Sosthène ne prétendait-il pas, d'ailleurs, qu'il suffisait de se racler le fond du gosier pour être en mesure de parler comme ces gens-là ?

« *Bilham-nik ya kouzboun ! Hamzalek tawfik youm !* » gouaillait-il à longueur d'année en arabe de fantaisie, manière pour lui de roucler contre le salaire squelettique que lui versait chaque fin de semaine monsieur Abdallah.

Le débarqué demeura le bec coué devant ce drôle de dialecte dont il ne mit jamais en cause l'authenticité, ô crédule ! Il discuta de pied ferme avec le djobeur auquel il réussit à vendre une seule montre au prix exorbitant de soixante-dix francs. À toi, qu'il examina avec curiosité, il consentit un rabais que tu ne lui avais pas demandé. Le bracelet rouge en plastique, qu'il ferma aussitôt autour de ton poignet, avec une dextérité époustouflante, te combla d'aise. Ce fut au tour d'Abdallah de demeurer ébaubi. En un battement d'yeux, le Sarrasin, comme il l'avait très vite surnommé, allait écouler sa marchandise à des passantes, peu regardantes il est vrai, et lui tendre, triomphal, une liasse de billets craquants. Le maronite l'empocha d'un air songeur et, s'emparant brusquement d'un carton de vêtements, défia son ci-devant cousin :

« Puisque tu es si fort, ô Mansour, toi qui viens tout juste de poser les pieds dans ce pays, va donc voir si tu parviens à vendre ces chemises aux nègres de Trénelle ! »

Très digne, le jeune Levantin (il devait avoir à peu près vingt-cinq ans sur sa tête à l'époque) s'épousseta le devant de sa chemise, arrangea sa

moustache qu'il avait très fournie, vérifia l'es-
campe de son pantalon et déclara :

« Je reviens dans moins d'une heure, patron. »

Sosthène était plié de rire. Un pincement au
cœur te saisit, ce que voyant, Abdallah te lança
comme à l'ordinaire :

« Hé, petit chabin, pourquoi tu traînes toujours
par ici ? Ta grand-mère, elle va te foutre une volée,
oui ! »

Tous les Syriens respectaient tes grands-parents.
Ton grand-père, que vous, la marmaille, appeliez
tous Papa Parrain, avait un ascendant naturel sur la
piétaille nègre et levantine du quartier à cause de
son air de maharadjah. Second mari de ta grand-
mère (qui avait conçu auparavant ton père avec un
Noir), il était métis d'Indien et de Béké. Sa gentillesse était légendaire et beaucoup de clients se
souvenaient de l'époque où il était officier-mé-
canicien sur la vedette qui faisait la ligne Fort-
de-France-Saint-Pierre dans l'entre-deux-guerres.
Quand un passager n'avait pas de quoi régler sa
place, il demandait au capitaine de lui faire une
petite faveur ou bien il payait de ses propres
deniers le ticket du nègre débanqué. Il considéra
toujours ton père comme son propre fils et ce dernier lui rendait une affection qui n'avait de cesse
qu'elle ne t'étonnât. T'étonnaient aussi les quatre
demi-sœurs de ton père parce qu'elles étaient le
fruit d'un croisement proprement inouï. Elles
tenaient, en effet, du Chinois et du Noir du côté
de ta grand-mère et du Blanc et de l'Hindou du

côté de ton grand-père. Ce qui fait que tout le monde les qualifiait de mulâtresses !

Pauvre Mansour ! pensais-tu. Nul doute qu'il se ferait taillader les fesses à coups de rasoir dans ce coupe-gorge qu'était Trénelle, amas de cases en bois de caisse et en tôle ondulée accrochées au flanc abrupt du Morne Desaix. Quant aux bougresses de l'endroit, elles ne manqueraient pas de lui voltiger au visage leur pot de chambre rempli de pissat s'il s'acharnait à les distraire de leurs tâches maisonnières. Vinassamy, pour sa part, marmonnait des imprécations contre la mauvaiseté de l'espèce humaine (dont, à l'entendre, monsieur Abdallah était la quintessence) et à l'endroit du destin.

« Que Nagourmira continue à veiller sur ma carcasse, oui ! » fit-il à mi-voix quand il vit Mansour empoigner crânement son carton de chemises et prendre bravement la direction de Trénelle.

« Tu nous fais chier avec ton Bondieu-couli, intervint Sosthène. Tout ça, c'est des diableries, foutre ! »

La religion était un sempiternel sujet de dispute entre les deux compères, chose qui te remplit d'aise chaque fois que tu avais la chance d'y assister. Tu avais appris l'art de te fondre dans le paysage, comme tous les gamins drivailleurs de Foyal, parce que l'adulte que tu osais regarder dans le mitan des yeux ou qui te surprenait en train d'écouter ses propos te flanquait un jeu de calottes sans que personne ne puisse venir à ton secours. Alors, il fallait feindre d'être profondément absorbé par les soubresauts de son yoyo, tout en veillant à ne pas obstruer le passage sur le trottoir. S'il y avait des cartons vides dans les environs (et il y en avait presque toujours !), il était judicieux de s'y engouffrer quand les Syriens étaient occupés ailleurs et de s'y tenir coi jusqu'à ce que la chaleur du jour te contraigne à sortir de ta tanière. Parfois, un bout de couloir faisait aussi bien l'affaire parce que, si quelqu'un te surprenait, tu avais toujours le loisir de prétexter que ta mère t'avait envoyé porter une commission à quelque locataire du premier ou deuxième étage. Ces techniques de survie dans l'En-Ville t'avaient été enseignées par des « grands chiens », comme disait ta grand-mère, qui avaient quitté l'école en classe de fin d'études sans même avoir pu décrocher le certificat et qui deviendraient au fil du temps des djobeurs, des mécaniciens formés sur le tas, des voleurs à la tire, des crieurs de magasins de Syriens ou des enjôleurs de ces dames de la bonne société qui aimaient s'encanailler en secret avec de jeunes nègres costauds. Roberto était l'un de ces gamins en rupture de ban. Ayant choisi la rue des Syriens et celles des environs pour terrain de chasse, il finit par te prendre sous sa protection et t'initia à toutes les subtilités de la drive. Lui aussi adorait écouter Sosthène et Vinassamy quand ils se mettaient à philosopher.

« *Way, papa !* » (Hop là !) t'annonçait-il. « *Nou kay tann fwansé ki fwansé jôdi-a.* » (On va entendre du beau français aujourd'hui.)

Le nègre Sosthène affirmait ne pas croire en

50

l'existence du Tout-Puissant tout en prétendant avoir une énorme respectation pour son fils, Jésus. Le Couli, Vinassamy, lui, était un officiant du culte hindouiste dont les cérémonies, à la fin du carême, baillaient la tremblade aux mulâtres et autres bourgeois que le hasard ou quelque raison impérieuse avait conduits à s'aventurer dans les parages du quartier des Terres-Sainvilles. Leurs disputailleries théologiques pouvaient durer des heures et des heures sans que ce brouhaha n'affectât le moins du monde le commerce d'Abdallah. Tout au contraire, des nègres, las de manger leur âme en salade toute la sainte journée, s'attroupaient sur le trottoir pour boire le miel de leurs paroles et partager au goulot avec eux une fiole de rhum clair. Abdallah considérait d'un œil favorable tout cela car le temps des crieurs émérites était en train de s'achever — on arrivait tout de même en l'an de grâce 1965 ! — et les commerçants levantins avaient vu soudain leurs ventes fléchir. D'aucuns réfléchissaient au moyen de rameuter de nouveaux clients. Évidemment, le propriétaire des Rêveries d'Orient avait fait des jaloux parmi ses concurrents dont plusieurs avaient, en vain, tenté de soudoyer le citoyen Sosthène. Le surveilleur de magasin avait toujours refusé, prétextant avoir passé un pacte avec Abdallah. Lequel ? Vous ne le sauriez jamais, vous les petits drivailleurs nègres, chabins et mulâtres qui, le jeudi venu, libres de toute emprise scolaire, vous laissiez emporter par une douce folie à travers les rues les plus passantes de l'En-Ville. Vers l'âge de seize ans, Marraine Lily cessa de te chaperonner. Elle passait toujours te chercher à son arrivée de sa lointaine commune de Grand-Anse mais ne te contraignait plus à l'accompagner de maison de gros en négoce de toileries et quincaille. La rue des Syriens devint vite l'un de tes lieux de prédilection.

Concernant donc le débarqué, le miracle eut pourtant lieu : Mansour, qui ne parlait pas un traître mot de créole et n'avait qu'une fort légère teinture de la langue de Molière, revint en trente-sept minutes et douze secondes très exactement (Sosthène et toi ayant chronométré l'exploit sur vos montres en plastique flambant neuves). Oui, l'exploit, tel était le mot car, à Trénelle, l'argent était rare et, à cette époque-là, les détrousseurs d'honnêtes gens innombrables. Rien n'était arrivé à Mansour ! Il avait tout vendu et, brandissant en sus un gros billet craquant de cinquante mille francs, il déclara à Abdallah qu'une dame le lui avait offert pour sa gentillesse bien qu'elle ne se fût portée acquéreuse d'aucun vêtement.

« Juste parce que je me suis montré gentil avec elle, ô cousin ! L'Amérique, c'est vraiment une terre de cocagne !

— Ne nous emmerde pas ! maugréa Abdallah. On n'est pas en Amérique ici, on est aux Antilles. C'est presque pareil mais c'est pas pareil ! »

Il avait ce tic langagier — « C'est presque pareil mais c'est pas pareil ! » — qu'il sortait à tout bout de champ, en particulier à ses clients qui osaient douter que les soieries qu'il exposait dans la vitrine des Rêveries d'Orient vinssent tout droit de l'Arabie heureuse ou de la Chine. Cette antienne avait le pouvoir inouï de décider l'acheteur le plus sceptique et monsieur Abdallah prit l'habitude de s'en servir dans n'importe quelle circonstance de la vie. Ce jour-là, une brève bouffée de tendresse à l'égard du Sarrasin s'empara de lui. Il ordonna à Sosthène d'aller lui chercher un petit banc à l'étage du magasin où il avait ses appartements. Puis il déclara, solennel, à Mansour :

« Ô mon cousin, voici ton premier bien sur cette terre des Antilles ! C'est moi qui te l'offre de tout mon cœur. Tu ne vas tout de même pas rester debout toute la sainte journée dans ce couloir, mon vieux. Ça te baillera des crampes ! »

Mansour le remercia avec des salamalecs et lui baisa les mains à votre grand étonnement, Sosthène et toi. Pendant ce temps, un tournoiement de dentelles et les effluves d'un parfum capiteux envahirent les lieux. Tu n'avais pas besoin de jaillir de ta boîte en carton pour dévisager le nouvel arrivant. Toutes les marmailles béaient d'admiration muette devant cette créature qui semblait tout droit sortie des films pour grandes personnes (à cette époque, il fallait avoir vingt et un ans révolus pour bénéficier de ce si désirable statut) que tu avais pu voir au cinéma Bataclan quand l'ouvreur, Chrisopompe, acceptait de faire une exception pour toi et toi seul. Toujours tiré à quatre épingles — mocassins vernis bicolores, chemise en flanelle, nœud papillon —, ce nègre filiforme était en quelque sorte le gardien du royaume. Il faisait le coup de poing devant la guérite où la plèbe se bousculait pour acheter les tickets d'entrée, veillant à en interdire l'accès à ceux qui venaient revoir un film pour la troisième ou quatrième fois.

Ce parfum entêtant, qui envahissait de temps à autre la rue des Syriens, avait le don de pétrifier même les chiens errants. Une voix rêche se faisait entendre qui mettait chacun au garde-à-vous, sauf Julien Couli, le balayeur de rues, qui filait sans demander son reste. Voici qu'arrivait mademoiselle Honorine Beaupré de Maupertuis, créature d'essence quasi divine qui n'avait — jurait-elle — pas une seule goutte de sang noir dans les veines (uniquement du sang bleu, oui !) et qui n'avait, apparemment, jamais été informée que l'esclavage avait été aboli un jour mémorable de 1848. Son chauffeur, un vieux nègre obséquieux comme on en voyait dans les films qui avaient pour cadre le sud des États-Unis, s'arrêtait au mitan de la rue et se précipitait pour lui ouvrir la portière sous les huées des automobilistes qui suivaient la Dodge noire de la famille de Maupertuis. Telle une reine, Honorine s'engouffrait dans le magasin d'Abdallah en braillant :

« Où il est, ce puant de Syrien ? Où il est ? »

Le Levantin fonçait derrière son comptoir à la recherche d'une grosse enveloppe contenant le montant de son loyer avant de complimenter la dame — quadragénaire à l'époque — sur sa prestance. Vous, la marmaille, colliez le nez contre la vitrine afin de ne rien perdre du spectacle. La Békée comptait les billets un à un, puis les recomptait en s'humectant le bout de l'index avec de la salive. Quand le compte n'y était pas, Abdallah se confondait en excuses hypocrites puis fourrageait dans ses poches à la recherche du solde. Il semblait y garder une réserve inépuisable de faux billets froissés et jaunis dans laquelle Roberto, le chef de votre bande, parvenait parfois à s'infiltrer lorsque le propriétaire des Rêveries d'Orient s'adonnait à la sieste, sous le coup de deux heures de l'après-midi, assis sur un banc à l'entrée de son magasin, plus immobile qu'une statue.

« Z'êtes que des filous ! » pestait Honorine Beaupré de Maupertuis en tournant les talons.

Elle se rendait ensuite au second étage (l'immeuble entier lui appartenait) où elle avait gardé un appartement, le premier servant à Abdallah à la fois de logis et de dépôt. Tout redevenait soudain calme. Sosthène reprenait son job de crieur pour aguicher le client. Des nègres badaudiers s'interpellaient de part et d'autre de la rue, à la recherche d'une petite combine. Seul Roberto demeurait à l'affût. Il vous invitait, vous la marmaille, à le suivre dans le couloir sombre qui menait aux étages dès qu'Abdallah et son cousin Mansour étaient occupés à écouter les nouvelles de leur pays grâce à un énorme poste de radio qui pouvait capter les ondes courtes. Des rafales d'arabe se mêlaient alors au roucoulement créole des deux vendeuses du magasin et au français, qui se voulait châtié, des clientes.

« *I pé ké tadé rivé* » (Il ne tardera pas à arriver), vous chuchotait Roberto, l'œil luisant.

Vous aviez à peine fini de vous dissimuler sous

l'escalier en bois vermoulu qu'un jeune homme aux cheveux gominés comme un jazzman noir américain se faufilait dans le couloir. À sa démarche chaloupée, on aurait juré qu'il avait des ressorts sous ses talons. Vous reconnaissiez sur-le-champ Harry Belafonte, un bougre au visage anormalement poupin malgré sa trentaine commençante, un très beau visage, disait-on, parce que, en dépit de sa noirceur prononcée, il arborait des traits fins. Belafonte, qui avait acquis ce prestigieux surnom parce qu'il grattouillait une guitare quand il voulait sucrer les oreilles d'une femme, n'avait pas de profession déclarée. Il ne manquait pourtant jamais de rien : son linge était impeccablement repassé et il payait sans barguigner sa note aux Délices créoles, le restaurant qui se trouvait à l'étage du Grand Marché. Là, on ne servait que du « gros manger », c'est-à-dire du fruit-à-pain, des ignames, des pois rouges ou des salaisons, nourriture idéale pour ces gens qui, djobeurs, mécanos, chauffeurs de taxi-pays, travaillaient dur chaque jour que Dieu faisait. Tu admirais, de la fenêtre de chez votre grand-mère chinoise, leur coup de dent que l'on qualifiait de sérieux. Harry Belafonte était donc le seul client à ne jamais tremper de sueur les chemises criardes qu'il achetait aux pacotilleuses venues des îles anglaises. La raison t'en devint très claire : il se faisait entretenir par la très honorable Honorine Beaupré de Maupertuis. Dès que le bougre s'engouffrait dans le couloir, il ralentissait son allure avant de grimper les marches pas à pas comme s'il avait peur de déranger quelqu'un alors qu'il savait parfaitement les deux étages vides de toute présence intruse. À chaque palier, il s'immobilisait, l'œil aux aguets, obligeant ta bande à s'aplatir à même les planches de l'escalier qu'Abdallah, pingre dans l'âme, ne faisait balayer qu'une fois par mois. Parvenu au deuxième étage, Belafonte jetait un ultime regard à droite et à gauche avant de cogner à la porte d'un toctoctoc à peine audible. Lentement, très lentement, cette dernière s'entrouvrait tandis que, sous la conduite du sergent Roberto, vous parveniez, en file indienne, à l'en-haut de l'escalier. Le bruit d'une clef qui tournait à double tour dans une serrure vous faisait sursauter bien que vous y fussiez habitués. Votre poste d'observation était constitué par deux trous que le chef de votre bande avait habilement creusés juste au-dessus du chambranle de la porte. Une caisse branlante servait à vous hisser jusqu'à cet endroit où, à tour de rôle, vous zieutiez les ébats clandestins de madame Honorine Beaupré de Maupertuis, comtesse coloniale d'un autre âge, et l'homonyme du célèbre chanteur de calypso, nègre bon teint et beau parleur devant l'Éternel.

Bien entendu, Roberto s'octroyait toujours les moments les plus intéressants, en particulier le minutieux déshabillage de la dame blanche et les premières caresses de son amant qui arrachaient déjà à celle-ci de petits halètements félins, ce qui vous mettait tous en grand émoi. Toi-même, tu étais le plus désavantagé à cause de cette montre japonaise au bracelet en plastique rouge vif que

Mansour, le Sarrasin, t'avait vendue en t'assurant qu'il te faisait un sérieux rabais. Roberto t'avait, en effet, chargé de chronométrer le temps de visionnage de chacun — quarante secondes pour vous autres, deux minutes et demi pour lui — et cette tâche ingrate ne te permettait d'accéder aux trous que trois ou quatre misérables petites fois au cours des séances de fornication auxquelles se livrait le couple insolite. Vous entendiez un de vos copains, juché sur la caisse, s'écrier, la voix chevrotante d'excitation :

« *Mésyé-mésyé, i ka môdé tété'y !* » (Bon sang, il lui mord les seins !)

Roberto, qui semblait connaître à merveille le timing amoureux d'Honorine et de Belafonte, s'arrangeait pour profiter des morceaux de choix : celui au cours duquel le bougre ouvrait toutes grandes les cuisses d'albâtre celluliteuses de la Békée et s'empalait brusquement dans sa chair, déclenchant en elle une série de bramements qui s'entendaient jusqu'au rez-de-chaussée. Ni Abdallah et ses vendeuses ni Mansour ne donnaient l'impression d'entendre ce charivari par peur sans doute que la propriétaire des lieux ne les privât de leur gagne-pain. Quand elle redescendait, toujours la première, ils la saluaient bien bas, lui souhaitant de passer une excellente soirée.

Les étreintes entre la Békée et son beau nègre te faisaient l'effet d'un ballet hiératique dans lequel les corps se mouvaient à leur guise sans pour autant se déplacer. Le glissement des lèvres de Belafonte sur les jambes relevées de sa complice te ravissait au plus haut point de même que les petits baisers qu'elle multipliait sur son torse musclé. Tout cela était si beau que tu ne parvenais pas, à l'instar de tes petits camarades, à être en proie à un subit durcissement de ton sexe. Certains n'hésitaient d'ailleurs pas à baisser leur short et à battre une douce branlette en riant aux éclats. Une romance, en français, de Rosalia te venait alors à l'esprit :

Voulez-vous que je sois,
Madame, votre amant ?
Je serai, croyez-moi,
fervent et caressant.
Mon idée, mon seul but
ce serait de vous plaire.
J'en suis à mes débuts,
exaucez ma prière !
Votre charme infini a laissé dans mon cœur
une empreinte sans fin réclamant le bonheur.
Il me serait très doux de vous aimer longtemps.
Voulez-vous que je sois, madame,
votre amant ?

Votre manège finit par être découvert à cause de Mansour qui occupait encore l'entrée du couloir où il installait les marchandises hétéroclites que voulait bien lui prêter son soi-disant cousin. S'armant d'un balai, il se mit un jour à vous pourchasser dans l'escalier en s'écriant dans son français flambant neuf :

« Bande de petits polissons, fous-moi le camp, vous z'aut'! »

Puis il éclata de rire avant de vous remettre à chacun une pièce de monnaie, vous désignant du doigt le marchand de snow-ball qui poussait péniblement sa charrette de l'autre côté de la rue. Mansour, le Sarrasin, devait devenir un grand frère pour tous les petits drivailleurs de la rue des Syriens et des alentours du Grand Marché. Il t'apprit même un mot d'arabe. Un seul :

« *Choukran !* » (Merci !)

Lycée Schœlcher

Au début, tu avais pesté contre sa grosseur. Charroyer sous le bras ce fichu dictionnaire Gaffiot (il n'entrait dans aucun cartable) n'était pas une partie de plaisir. Déjà, dans l'autobus, les matrones te lorgnaient d'un œil torve, persuadées qu'il s'agissait là d'un mauvais livre, ce qui dans leur esprit signifiait livre de recettes magiques. Livre pour faire le mal. Livre pour envoyer le « gros-pied » ou le mal d'amour. Quand tu te retrouvais collé à l'une d'entre elles — chose fréquente car les chauffeurs n'hésitaient jamais à considérer les enfants comme des demi-passagers —, elles jouaient du coude sans ménagement pour te faire comprendre qu'il ne fallait pas que ton gros-bidim livre les effleurât le moins du monde. Elles surveillaient les cahots du véhicule, maugréant des insanités, et lorsqu'elles descendaient, toujours en lançant un tonitruant *« Hé chofè, lajan mwen bout ! »* (Holà, chauffeur, mon argent est fini !), elles ne manquaient jamais de jeter un dernier coup d'œil à ton dictionnaire d'un air mi-réproba-

61

teur mi-admiratif. Les hommes d'âge mûr, eux, se montraient plus amènes.

« Faut avoir une sacrée tête pour lire tout ça ! » te lançaient-ils parfois dans un français hésitant.

Le mardi et le vendredi vous étaient jour de torture à cause du Gaffiot. Tu avais, en effet, classe de latin ces jours-là, et malheur à celui qui l'aurait oublié à la maison. Il sécherait misérablement sur son thème et récolterait les fruits de son insouciance : un zéro pointé que votre professeur, monsieur Lapierre, un mulâtre sec et austère, prenait un plaisir quasi sadique à annoncer à la cantonade. Cette torture commençait à l'arrêt du bus de la croisée Coridon-Redoute où les filles, belles et déjà délurées, rivalisaient de petits rires canailles et de piques à l'endroit des garçons comme toi qu'elles trouvaient « grossomodo », ce qui en français-France voulait dire « mal embouchés ». Maryse, une chabine-griffe dont les cheveux dorés flamboyaient par-dessus les têtes noires et crépues, ne t'accordait même pas une miette de regard. Elle était le centre du monde et tous les garçons étaient amoureux de ses gammes et de ses dièses. Les chauffeurs d'autobus lui faisaient une cour assidue à laquelle elle répondait avec un aplomb et un humour qui les désarçonnaient net-et-propre. Comme par miracle, elle trouvait toujours une place à l'avant, non loin de ceux-ci, et toi, le plus souvent coincé à l'arrière, tu l'observais, le cœur énamouré, sachant parfaitement qu'une telle princesse ne te considérerait jamais à cause de ta figure blême de chabin au visage tiqueté de taches de rousseur comme un coq d'Inde. Un chabin laid en somme ! Car si les petits nègres pouvaient oublier la couleur de leur peau, toi, personne ne te laissait tranquille. À toute heure du jour, quelqu'un te lançait : « Chabin, tu as l'heure ? », ou : « Quel chabin, foutre ! Il est né en hiver ou quoi ? Ha-Ha-Ha ! » Impossible pour toi d'oublier ton apparence insolite et, bien entendu, ce fichu dictionnaire Gaffiot n'arrangeait pas les choses. Un beau jour, le hasard te plaça non loin de Maryse qui, pour une fois, ne pérorait pas. Elle semblait même soucieuse, préoccupée, et regardait fixement le défilé de l'asphalte que les premières chaleurs commençaient déjà à ramollir. Soudain, se tournant vers toi, elle demanda :

« Ton livre, c'est quoi ?

– C'est… c'est un dictionnaire la… latin… »

Tu étais tétanisé. Tous les regards plongèrent dans ta direction et tu savais que ta figure avait immédiatement viré au rouge. Des garçons t'accablèrent de sarcasmes sans avoir l'air de s'adresser à toi en particulier.

« Ce bougre-là apprend le latin, pff ! Il n'a rien à faire ! » lança un dégingandé qui était en classe de fin d'études à Terres-Sainvilles et se vantait sans arrêt d'être le « bon compère » des nègres-majors de ce quartier plébéien.

« Y a que des macommères pour étudier ça, appuya un de ses copains. Ce chabin-là, il veut devenir abbé sans doute. Ha-Ha-Ha ! »

La fulgurance de son créole secoua d'hilarité l'ensemble des passagers. Par bonheur, vous approchiez de la gare de l'Asile et chacun s'affairait déjà, prêt à courir à son école, les autobus étant, plus souvent que rarement, en retard. Sur le trottoir, Maryse te considéra une nouvelle fois, le regard chargé de pitié avant de lâcher :

« Ton dictionnaire, faudrait une brouette pour le porter jusque là-haut, oui ! »

De nouveaux rires cruels vous environnèrent. Tu avais baissé les yeux flap ! Mais une petite musique de joie sautillait dans ton cœur : elle avait dit « là-haut », et dans le langage des écoliers cela renvoyait à un seul et unique établissement : le lycée Schœlcher. Maryse savait donc où tu allais à l'école ! Elle s'intéressait donc à ta personne. La route, ce jour-là, te fut presque légère. Ton mal de tête rituel (à cause du soleil naissant, le plus féroce) ne fit point son apparition et tu ne tentais plus de dissimuler ton Gaffiot sous ton cartable comme à l'accoutumée. De la gare de l'Asile, une grappe de lycéens braillards, que tu suivais à distance respectueuse, empruntait le boulevard de la Levée jusqu'au Marché aux poissons, sur les berges du canal Levassor, qu'elle longeait en lançant des roches dans l'eau glauque où barbotaient des cochons-planches et des canards. Le créole (le « gros créole », celui du peuple) te happait tout bonnement. À la maison, vous ne parliez que le français bien qu'entre ton père et ta mère, l'usage du « patois », comme disaient les gens de bien, fût prédominant. On ne vous interdisait pas formellement de l'employer mais ton frère et tes deux sœurs savaient d'instinct qu'il ne fallait pas le faire.

Ton père considérait que c'était assez que tu t'esbaudisses dans ce langage de « vieux-nègres » au cours des trois mois de vacances que tu passais à Grand-Anse du Lorrain, chez Marraine Lily. Là-bas, tu n'étais pas confiné à la maison comme en ville et tu passais le plus clair de ton temps à drivailler avec des gamins délurés et chapardeurs qui avaient un souverain mépris pour le français. Si, à Fort-de-France, étudier le latin te rangeait dans la catégorie des macommères, à la campagne, c'était le fait de parler français qui faisait de toi un pleutre. Un homme bien debout dans sa culotte, ça parle créole, tonnerre du sort ! t'avait cloué le bec Ti Jean, un petit monsieur déjà, livré à lui-même car sa mère avait, semble-t-il, perdu la raison. Chaque matin, à l'heure où les femmes allaient dévider leurs pots de chambre d'Aubagne dans les flots rageurs de l'Atlantique, elle y pénétrait à mi-jambe, scrutait fixement Miquelon et se mettait à discourir, « à faire des plaidoiries » disait-on, s'adressant à quelqu'un dont nul n'avait jamais vu la couleur de la figure par ici, un certain Hermann ou quelque chose d'approchant. Elle lui vociférait son amour, sa colère, ses joies et ses peines, lui racontant des aventures qu'elle affirmait lui être arrivées la veille mais dont tout un chacun savait bien qu'elles provenaient tout droit de son cerveau enfiévré. Son créole était tout-à-faitement sublime à vos oreilles.

Une fois longé le canal Levassor, une épreuve redoutable t'attendait au pont de l'Abattoir où se postaient des désœuvrés qui rançonnaient les lycéens mulâtres ou petits-bourgeois. Le quartier s'appelait Bord de Canal et avait la réputation d'être un coupe-gorge où la maréchaussée ne s'aventurait guère. Ses ruelles, véritables cloaques de boue, sinuaient dans un labyrinthe de cases en bois et en feuilles de tôle ondulée autour desquelles s'affairaient des pêcheurs en chapeau-bakoua. Tu te faisais souvent délester de la pièce de cinq francs argentée que te remettait ta mère le matin pour t'acheter un pain au chocolat à la récréation. Un chef de bande semblait t'avoir pris tout particulièrement en grippe. Appuyé nonchalamment sur la rambarde du pont, il ne cessait de se gratter les fesses par le trou de son short en kaki qui était rapiéceté de partout sauf à cet endroit-là justement. Ainsi prenait-il un malin plaisir à exhiber son postérieur aux bourgeois sans encourir le risque d'être accusé d'atteinte à la pudeur publique. Il lui suffisait de tourner le dos et de s'accroupir à moitié dès qu'une voiture passait, en ricanant, surtout lorsque le véhicule transportait quelque jeune fille en fleur que son père allait déposer au lycée de la Pointe des Nègres. Les géni-toires du mâle-cochon (insulte dont l'accablaient les marchandes de poisson du quartier) se met-taient à ballotter de manière comique et si, à ce moment précis, il parvenait à lâcher quelque pet sonore, ses compères applaudissaient, lançant des « Oué-é-é ! » admiratifs. Il t'accueillait toujours avec la même phrase qui ne souffrait aucune réponse de ta part :

« *Sa ou ni ba mwen jôdi-a, chaben ?* » (T'as quoi pour moi aujourd'hui, chabin ?)

Tu t'empressais de payer ta gabelle pour pouvoir emprunter le raidillon qui menait au lycée Schœlcher. Tu n'étais pas le seul à subir une telle taxation, mais *Djabsoud* (« diable sourd ») — c'était le seul nom que tu lui connaissais — semblait éprouver une affection particulière pour ta personne. Ta pièce empochée, il s'enthousiasmait :

« *Ha, misyé sé boug mwen ! Mi chaben, mésyé-zédanm, pa ni dé kon sa Matinik, non ! »* (Ah, ce type, c'est mon pote ! Quel chabin, messieurs-dames, y en a pas deux comme lui en Martinique !)

Tu ne disais mot. Parfois, il faisait mine de te barrer le passage sur le trottoir étroit où ses complices rançonnaient d'autres lycéens, tout aussi apeurés. Tu faisais deux pas à gauche, il se plantait devant toi ; tu allais à droite, il t'imitait en riant d'un rire gras qui te faisait frémir.

« Hé, mon bougre, où tu vas ? T'es pressé ce matin à ce que je vois. Tu laisses ton pote Djabsoud tout seul alors ? C'est pas gentil, ça ? Je vais me faire chier toute la journée si je ne te vois pas. Tu veux prendre un petit sec dans ma case ? J'ai du bon rhum Courville, tu sais », braillait-il.

Le mardi et le vendredi, il était tout bonnement terrible. La seule vue du dictionnaire Gaffiot semblait le plonger dans une rage folle. Il se saisissait du gros livre, menaçant de le voltiger dans le canal Levassor.

« Voici comment ils remplissent la tête de nos enfants de couillonnades, oui ! Vous pouvez com-

67

prendre une salopeté comme ça, hein ? prenait-il à témoin ses copains hilares. Déjà que nous, les nègres, on n'a pas beaucoup d'intelligence, tout ce que les Blancs trouvent à faire, c'est d'alourdir encore plus notre esprit. Quels sacrés chiens-fer ! »

Il avait dû, plusieurs années auparavant, traîner ses fesses sur quelque banc d'école primaire, à une époque où la majorité des enseignants étaient encore des Békés-France. Il ignorait sans doute que la situation avait bien changé. Désormais, vos professeurs étaient des nègres, des chabins ou des mulâtres et il y avait même une vieille Békée créole redoutable qui enseignait la physique-chimie et que vous craigniez comme la peste. Djabsoud vouait une haine sans nom aux Blancs-France et martyrisait les fils de fonctionnaires parisiens, bordelais ou marseillais qui avaient le malheur d'emprunter la même route que toi. On murmurait qu'il avait été l'un des leaders des émeutes de décembre 59 au cours desquelles plusieurs automobiles conduites par des Métropolitains avaient été caillassées et leurs occupants malmenés.

« *Si ou kité yo fouré sa adan tèt ou, tibolonm, ou ké vini fou an mitan tèt, wi !* » (Si tu les laisses te fourrer tout ça dans le crâne, tu deviendras fou, mon petit bonhomme !) t'avertissait-il en cognant le Gaffiot avec ses poings rageurs.

Les autres jours de la semaine, il t'accueillait d'un air plus rasséréné. Il tendait la main, goguenard, et faisait rouler ta pièce entre ses paumes en soufflant dessus. C'était là une superstition qui était censée faire la pièce de cinq francs accoucher d'autres espèces sonnantes et trébuchantes au cours de la journée. La première pièce de la journée pouvait porter chance ou au contraire plonger son possesseur dans la dernière des dèches. Tout dépendait de la manière avec laquelle on l'avait empochée. Djabsoud partageait cette croyance avec les marchandes de poisson et surtout avec la vendeuse de bonbons qui se tenait à l'entrée du lycée dès six heures du matin. Elle sautillait de joie quand tu étais son premier client (tu cachais les pièces offertes par Marraine Lily dans tes chaussures, payant à Djabsoud ta dîme avec celle que te baillaient le matin tes parents).

« Ah, j'ai de la chance aujourd'hui ! C'est un chabin blanc qui ouvre ma journée. Seigneur-Dieu, merci, mille fois merci ! »

Il lui arrivait de refuser de vendre une tablette-coco ou un nougat-pistache à un petit nègre « trop noir » pour ne pas « attraper sa déveine », l'obligeant à attendre qu'un client plus clair de peau tel que toi veuille bien s'arrêter à son petit étal. Cela ne te choquait point. Tu y voyais une revanche secrète à l'égard de ces négrillons qui te bousculaient dans les escaliers et te flanquaient des chiquenaudes en gueulant :

« *Chaben ! Chabin prèl si !* » (Chabin ! Chabin aux poils suris !)

La plupart du temps, elle t'offrait un pilibo ou un bonbon-cheval en rab, tapotant tes joues avec une affection exagérée qui ne manquait pas de déclencher des railleries chez tes camarades. Ils prétendaient qu'elle cherchait à se marier avec toi, bien qu'elle eût l'âge d'être ta grand-mère, et affirmaient qu'étant sorcière, elle te revendrait au Diable. En fait, ils étaient tous effroyablement jaloux. Le panier de Man Sosso représentait, en effet, pour tous, une sorte de miracle quotidien. On ne savait jamais ce qu'elle avait préparé la veille et on s'approchait d'elle, le cœur battant, admirant tantôt ses tamarins glacés et ses lokios tantôt ses tranches de gâteau-patate et ses doucelettes. Ta préférence allait à ces galettes de pulpe de coco râpé qu'on appelait en créole *akakwèl*. Leurs fines lamelles caramélisées semblaient fondre d'elles-mêmes sur ta langue et tu n'attendais jamais la récréation de neuf heures et demie pour donner un bon coup de dents au morceau qu'elle t'enveloppait avec soin dans du papier-journal. Elle aussi examinait ton Gaffiot avec stupeur.

« *Man pa sa li, chaben, mé fout man té kay kontan konnèt sa ki adan liv-tala ! Ha, monfi, ou ké alé lwen* » (Je ne sais pas lire, Chabin, mais fiche que j'aurais aimé connaître ce qu'il y a dans ce livre ! Ah, tu iras loin, mon fils), te déclarait-elle en arrangeant le col de ta chemise ou en épongeant ton front couvert de sueur à l'aide de l'ample manche de sa robe créole.

Les femmes du peuple de ce temps-là, dès qu'elles « entraient en âge », selon leur propre expression, c'est-à-dire à l'orée de la cinquantaine, abandonnaient les vêtements européens pour se parer de la dignité des grand-robes martiniquaises. Il te semblait que d'être ainsi habillées, surtout quand elles arboraient un magnifique madras rouge vif ou jaune safran dans les cheveux, leur baillait un air de grande dignité. Chacun était plus enclin à les gratifier du titre de « manman » ou « manman-doudou ». Man Sosso connaissait la plupart des lycéens par leurs prénoms et n'ignorait rien des goûts de chacun. Si d'aventure l'un d'entre eux passait la porte d'entrée sans s'arrêter à son étal, elle le hélait vertement :

« Hé, Victor, tu ne sais pas que j'ai apporté des doucelettes aujourd'hui, eh ben Bondieu ? »

Le garçon rebroussait chemin sur-le-champ, tout penaud, et se délestait de la pièce de monnaie qu'il avait sans doute gardée pour payer sa place d'autobus à la sortie des classes, en fin d'après-midi probablement, parce que, ce jour-là, il n'avait pas reçu d'argent de poche de ses parents. Quand il s'avérait que le petit bougre était vraiment débanqué, qu'il avait des courants d'air dans les poches (certains élèves trop pauvres n'ayant que leurs deux pieds pour traverser l'En-Ville jusqu'au lycée Schœlcher), Man Sosso n'hésitait pas à leur faire crédit, même si elle savait pertinemment qu'elle ne verrait jamais son argent. Elle avait ses préférés, en général les garçons à la peau « sau-vée », comme elle disait, ceux dont le teint n'était pas trop foncé, chose fort curieuse si l'on songe qu'elle-même était plus noire qu'un péché mortel. Elle avait aussi ses souffre-douleur. Ton copain de classe Lucien avait le malheur de faire partie de ces infortunés que la marchande de bonbons rabrouait s'ils s'avisaient de fouiner dans son panier à la recherche de leur confiserie de prédilection.

« Ou pa ka wè ou za two nwè pou ou fè mannyè malélivé kon sa ! » (Tu ne vois pas que t'es déjà trop noir pour te montrer aussi mal élevé !) houspillait-elle le pauvre Lucien qui n'en pouvait mais.

Il ne protestait pas. Nul ne trouvait d'ailleurs rien à redire aux remarques acerbes de Man Sosso. Celles-ci s'entendaient dans toutes les bouches et c'était, au fond, l'ordre des choses. En classe, certains de vos professeurs, sous prétexte d'assigner eux-mêmes leurs places définitives aux lycéens, en début d'année, plaçaient toujours les fils de petits-bourgeois, de fonctionnaires et de mulâtres aux premiers rangs ; les rejetons de la négraille et les « vacabonds » se trouvant rejetés au fond de la classe. Certains agissaient de bonne foi : les petits nègres étaient les plus « désordeurs ». Non seulement ils lançaient des injuriées en créole dès que le maître avait le dos tourné mais ils passaient leur temps à fabriquer des avions en papier qu'ils faisaient virevolter à travers la salle en plein mitan des devoirs, histoire de déconcentrer ces « souceurs », ces flatteurs dont tu faisais automatiquement partie. En général, ces perturbateurs ne faisaient pas long feu au lycée Schœlcher, lequel accueillait déjà fort peu d'enfants des bas quartiers de l'En-Ville et encore moins des communes rurales. Tu en retrouvais certains sur le pont de l'Abattoir en milieu d'année parce que Bill, le terrible surveillant général, avait fini par leur remettre un « billet-ce-n'est-plus-la-peine », comme il disait avec une méchanceté appuyée. L'homme, un chabin-mulâtre rondouillard à la peau très blanche, faisait des rondes dans les innombrables escaliers du lycée à la recherche des paresseux, ceux qui demandaient à aller aux toilettes pendant les cours et en profitaient pour griller une cigarette Mélia ou pour se délecter de « journaux mal élevés » où l'on voyait des femmes blanches toutes nues dans des poses suggestives. Milo, un bougre qui avait redoublé toutes ses classes depuis la seconde et qu'on n'avait pourtant pas renvoyé pour des raisons qui demeurèrent toujours mystérieuses, était le grand pourvoyeur de ces magazines dont les textes encadrant les photos étaient écrits dans une langue que nul n'avait pu décrypter. D'aucuns enrageaient de ne pas pouvoir l'identifier, ne se contentant pas des seins pulpeux et des coucounes parfaitement dessinées des beautés qui exposaient ainsi leurs chairs sur du papier glacé. Un surveillant t'avait laissé entendre qu'il s'agissait du suédois ; un autre, du danois. Mais tu ne les croyais pas trop car d'être plus âgés que toi de cinq ou six ans et de jouer aux matamores dans les salles d'études ne parait ces pions d'aucune gloire particulière à tes yeux. Pour se faire bien voir de Bill, ils n'hésitaient pas à lui amener, le traînant par les oreilles, tout élève qu'ils surprenaient avec un journal mal élevé entre les mains. Le gros rougeaud soufflait sur les verres de ses lunettes à double foyer (un tic qui n'annonçait rien de bon), te fixait un long moment droit dans les yeux avant de lâcher, fataliste, en zozotant :

« Bon, eh ben, on va convoquer vos parents, petit monsieur… ou alors vous allez de ce pas me balayer la cour du deuxième palier. Bon-bon, vous m'avez l'air d'avoir une bonne tête. C'est ce Milo qui a dû vous entraîner dans cette affaire. Ze vous colle trois heures d'études mercredi après-midi, plus… vous m'écoutez, zeune homme ? …plus un pensum. Vous me recopierez cent fois "Ze ne dois pas lire des zournaux pornographiques dans les toilettes". Et pas de fautes, s'il vous plaît ! "Pornographiques", ça prend "ph", O. K. ?, pas "f". »

Le commerce du sieur Milo était apparemment fort lucratif. Ses poches tintaient des multiples piécettes que la plupart d'entre vous lui glissaient pour jeter un œil à ses magazines. Vêtu d'une sorte de paletot noir, en dépit de la chaleur, il les cachait entre son ventre et son pantalon, au niveau de la ceinture, et s'approchait de vous en grommelant :

« *Sa ki lé wè ? Dé fwan pou wè an bèl koukoun jôn !* » (Qui veut voir ? Deux francs pour voir une belle coucoune jaune !)

Dès qu'il accrochait quelque client, il lui faisait signe de le suivre, à dix pas derrière lui afin de ne pas attirer l'attention des pions, et l'entraînait au dernier bâtiment du lycée qui était construit en escalier comme un temple de l'Antiquité grecque. Tu avais hésité longtemps à céder à ses sollicitations bien que l'envie te démangeât de te délecter de ces merveilles que nombre de tes camarades commentaient avec gourmandise, l'œil brillant, à chaque récréation.

« Si tu as un billet, je te laisse le journal », te fit-il un jour.

Il t'apprit qu'il lui arrivait de faire des jobs à la Transat et qu'il avait fini par se lier d'amicalité avec les marins qui faisaient régulièrement escale au port de Fort-de-France. Le bateau suédois *Nilsen*, en route vers la partie hollandaise de l'île de Saint-Martin, s'y arrêtait une fois tous les trois mois. Milo fournissait les marins en négresses de petite vertu et, en échange, ils le gratifiaient de magazines mal élevés. Ce ne sont pas de vieux journaux, t'assurait Milo, qui pointait du doigt la seule chose que tu pouvais lire, à savoir la date : 1963. Il voulait dire par là que ces femmes, qui offraient leur nudité à tes regards dévorés par le stupre, n'étaient pas encore mortes et enterrées. Elles étaient encore bien vivantes, toujours resplendissantes de belleté, là-bas, dans un mystérieux pays de neige éternelle appelé la Suède. « Battre une douce branlette » en les regardant n'entraînerait donc aucune maudition sur notre tête. Car les morts, faut les respecter, oui, me confiait-il d'un ton grave qui lui était peu habituel. En fait, tu devais apprendre plus tard qu'il avait vu de ses yeux vus son père, alcoolique invétéré, assassiner sa mère au quartier Eaux-Découpées avant que la police ne l'abatte, toujours sous ses yeux, dans la case où le bougre s'était barricadé. L'assistance publique l'avait confié à une tante chez qui il vivait toujours mais la malheureuse n'avait plus guère d'autorité sur lui.

« Elle mange l'argent que le gouvernement lui donne pour moi ! te déclara-t-il en serrant les dents. C'est une tafiateuse, elle boit du rhum toute la sainte journée. »

Tu n'avais pas de billet à ta disposition mais tu avais pris la vilaine habitude d'aider Milo à grossir son pécule, te privant de ces livres de poche que tu achetais à la librairie Clarac avec la petite somme que t'octroyait le jeudi Marraine Lily. À chaque coup d'œil sur les photos de femmes dénudées, tu étais parcouru d'un frisson qui remontait le long de la raie de ton dos avant de faire battre tes tempes à grand ballant. Ta gorge s'asséchait et le garnement devait t'arracher presque le journal des mains pour que tu revinsses à la réalité. Klébert, fils d'un commerçant en gros du Bord de Mer, mulâtre un peu bouffi et plutôt fier de sa petite personne, était le client le plus régulier de Milo. Il semblait disposer d'une réserve de pièces de monnaie quasi inépuisable que d'aucuns le soupçonnaient de dérober dans la caisse du magasin de son père. À chaque récréation, il était toujours le premier à suivre Milo jusqu'au dernier bâtiment du lycée, si bien que le sieur Bill finit par remarquer leur manège et coursa un jour les deux lascars. Soufflant, ahanant, éructant des postillons, le gros chabin-mulâtre s'était écrié :

« Hé, vous deux là-bas, arrêtez ! C'est un ordre. Vous manigancez quoi, là, hein ? »

Malheur pour lui, il glissa dans l'escalier d'où il sembla rebondir comme un pneu Michelin et s'affala de tout son long dans la cour en asphalte granuleux, déclenchant l'émoi général. Tous les élèves du lycée l'entourèrent et l'insultèrent copieusement avant que le proviseur et les pions ne puissent intervenir :

« Bil, isalôp ! Bil, sakré gwo makoumè ki ou yé ! » (Bill, salopard ! Bill, espèce de gros pédéraste !)

De ce jour mémorable — le 6 janvier 1966 — les élèves instituèrent une commémoration loufoque qui devait se poursuivre jusqu'à ce que tu eusses atteint la classe de terminale. Au matin, les plus bandits d'entre vous arrivaient tous de noir vêtus, cravatés, la mine sombre, portant des gerbes mortuaires hâtivement confectionnées avec des fleurs ramassées dans les poubelles du marché de l'Asile et dès que la récréation sonnait, comme par enchantement, les élèves se rassemblaient en rangs compacts autour de l'escalier du dernier bâtiment pour assister à la cérémonie. Tout le monde entonnait un chanter qui se voulait funèbre :

« Bil, pô djab, lèskalyé-a fouté'w an so anlè zékal, sé pou sa ou vini pli kouyon ki ou za yé a ! » (Bill, pauvre diable, l'escalier t'a fichu par terre, c'est pour ça que t'es devenu encore plus couillon !)

Les porteurs de gerbes, l'air très digne, déposaient précautionneusement celles-ci à l'endroit exact où s'était produit la mémorable chute et l'un d'eux y allait d'un petit éloge funèbre dûment rédigé :

« Mesdames et messieurs, chers compatriotes, Gaulois, Gauloises, oyez la fin tragique du dernier tyran du royaume de Schœlchérie. Bill 1er, empereur des couillons, avait régné vingt ans durant sur ses terres en seigneur et maître absolu, guerroyant contre les royaumes voisins à la moindre peccadille, jusqu'au jour où son beau cheval blanc fit une ruade parce que son cavalier ne cessait de lui caresser les côtes avec ses éperons et boudouf !, Bill 1er, monarque des ababas et des imbéciles, est tombé par terre sur son gros tchou. Pleurons, mes frères, la fin de notre tyran bien-aimé. *Bil, pa kité nou, vyé frè !* » (Bill, ne nous quitte pas, vieux frère !)

Et la masse des élèves de répéter en chœur :

« *Bil, pa kité nou, vyé frè !* »

Les pions, qui ne portaient pas le surveillant général dans leur cœur, montraient peu d'empressement à interrompre la cérémonie malgré les éructations et les fulminations de l'intéressé qui tentait désespérément de se frayer un passage jusqu'aux porteurs de gerbes. N'y parvenant jamais, il saisissait au collet deux d'entre vous qu'il traînait sans ménagement jusqu'à son bureau où il les sermonnait de verte manière. Curieusement, aucune sanction ne tombait le lendemain. Les élèves, que le hasard avait choisis pour être les accusés, juraient qu'une fois entré dans son bureau, Bill abandonnait toute superbe et fondait en larmes.

« Pourquoi vous me faites ça, hein ? Ze ne vous veux que du bien. Si vous, les petits nègres, vous ne vous consacrez pas à votre travail, ce pays n'ira zamais de l'avant ! »

Tu ne participais que de loin à cet étrange rituel par une sorte de solidarité de chabin avec le surveillant général. Tu soupçonnais que l'acharnement que les élèves mettaient à le tourner en bourrique tenait autant à sa peau blanche et à ses taches de rousseur qu'à ses prétendues exactions à leur encontre. Le proviseur, un Bourguignon fier de l'être, n'intervenait pas dans ce qu'il qualifiait de « prélude au carnaval ». Dans moins d'un mois, en effet, vous transformeriez le lycée en « bacchanale », organisant des charivaris monstres, vous déguisant en masques-malpropres, en mariane-peau-de-figue ou en nègres-Congo.

On racontait à plaisir que, lors des émeutes de décembre 59, Bill avait été cerné par des manifestants plein de rage qui s'attaquaient à tous les Blancs non créoles. Confondu avec l'un d'eux parce que la nuit commençait à tomber, la foule avait entrepris de le tabasser lorsque, de sa voix zozotante, il s'était mis à hurler :

« *Man sé an saben, wi ! An saben !* » (Je suis un sabin ! un sabin !)

« Chabin » ou « sabin », Bill avait eu la vie sauve dans un grand concert d'éclats de rire et de remarques grivoises sur sa négresse de mère qui avait dû fretinfretailler avec quelque marin blanc de passage. L'expression lui était, en tout cas, restée collée à la peau. Dès qu'on parlait de lui, les élèves disaient toujours « sabin » et non « chabin », ce qui déclenchait immanquablement des sourires moqueurs. Bill te prit à part un après-midi où l'un de vos professeurs était absent et, te tenant par la nuque de sa grosse main velue, il te déclara sur le ton de la confidence :

« Nous les sabins, on sera touzours les souffre-douleur des nègres. Ils sont zaloux de nous en fait. Ne t'occupe pas de leurs railleries ! Fais ton semin, apprends tes leçons, respecte tes professeurs et tu verras, tout ira bien. »

Heureusement, tu avais commencé à avoir de plus en plus de professeurs à la fois antillais, relativement jeunes et révolutionnaires qui n'hésitaient pas à dévier de temps à autre des programmes pour vous parler d'Aimé Césaire et de Frantz Fanon. Édouard Jean-Élie et Émile Yoyo étaient de ceux-là. Le premier était sans pitié pour les petits-bourgeois tels que toi qu'il n'avait de cesse de railler à la moindre occasion. Il te coinçait régulièrement sur les conjugaisons espagnoles que tu avais le tort de négliger, plus préoccupé de soigner ton anglais et ton latin. Les zéros s'enfilaient à la chaîne sur ton bulletin jusqu'au jour où, croyant te donner le coup de grâce, il t'envoya réciter au tableau un poème du *Romancero gitan* de Federico Garcia Lorca. Jean-Élie se frottait déjà les mains à l'idée de la déculottée que ne manquerait pas de subir devant un public déjà hilare ce fils de fonctionnaires assimilationnistes et pro-français que tu étais. Manque de chance pour ton subtil tortionnaire, tu avais profité de ses absences répétées — il faisait campagne pour devenir maire d'Ajoupa-Bouillon, petite commune rurale du nord de la Martinique — pour apprendre le texte par cœur. Tu avais déclamé les paroles sublimes du grand poète espagnol comme un acteur de la Comédie-Française, à la grande stupeur de l'assistance :

Antonio Torrès Heredia,
Hijo y nieto de Camborio,

Com una vara de mimbre
Va a Sevilla a ver los torros.
Moreno de verde luna
Anda despacio y garboso

D'abord décontenancé, ton professeur partit dans une grande tirade contre les élèves stupides qui s'imaginaient qu'apprendre par cœur était la solution rêvée avant de revenir, au fil des mois, à de meilleurs sentiments à ton endroit. Tu te plaisais dans ce lycée Schœlcher où s'était formée l'essentiel de l'élite martiniquaise, comme ne manquaient pas de vous le rappeler vos professeurs. Ses hauts bâtiments jaunes en béton armé, ses trois étagements à flanc de morne d'où se dégageait, à mesure que l'on montait, la baie de Fort-de-France et, dans le lointain, l'îlet Mandoline et l'Anse Mitan, ses salles aux plafonds hauts, bien aérées, la solennité générale qui émanait de l'ensemble te gonflaient d'un sentiment de fierté que partageaient bon nombre de tes camarades, petits-bourgeois ou fils du peuple. Pourtant, personne n'avait songé à vous expliquer que ce temple du savoir était le symbole d'une victoire historique : celle de la classe mulâtre, qui l'avait fait construire au tout début du siècle pour faire échec à l'enseignement religieux, alors prédominant, qui n'acceptait que les rejetons de la plantocratie blanche créole. D'ailleurs, ces derniers continuaient à fréquenter le Séminaire-Collège, à l'autre bout de la ville, mais chacun savait qu'on y dispensait un enseignement de médiocre qualité et que les petits

Békés étaient fort loin d'être des foudres de guerre en matière intellectuelle. Émile Yoyo s'en moquait parfois, le qualifiant d'« usine à redoublants ». Tu l'admirais d'une admiration béate, « débornée », comme on dit en créole, à cause de son brio extraordinaire. Vêtu d'une simple chemise à manches courtes, contrairement à ses collègues qui affectionnaient le costume-cravate ou la chemise à manches longues, il faisait ses cours sans la moindre note et sans hésitation aucune, sans trébucher sur les mots, parsemant son discours philosophique de digressions humoristiques qui en facilitaient la compréhension. Sa capacité à citer de tête Hegel ou Sartre vous bluffait tous dans cette classe de terminale littéraire dans laquelle vous viviez ces cinq heures de philo hebdomadaires comme une sorte d'initiation à une religion nouvelle. La religion de la Raison. Dans la classe d'à côté officiaient deux vieux profs plutôt ringards : René Ménil, philosophe marxiste membre du parti communiste martiniquais, qui inspirait un profond respect à ses élèves mais ne les passionnait pas ; Robert Lanier, un Métropolitain qui avait été interné dans un camp nazi en Allemagne et qui en avait gardé de lourdes séquelles physiques et mentales. Ce dernier perdait ses élèves dès la fin du mois de novembre. Ceux-ci, s'étant vite rendu compte de l'incohérence de ses propos et de sa myopie, s'éclipsaient de son cours par petits groupes pour venir s'agglutiner dans celui d'Émile Yoyo. Les derniers échappés ne trouvaient plus de place et devaient se contenter de boire la parole du jeune philosophe depuis les fenêtres à persiennes de sa salle de classe. Ce manège durait depuis des années, apparemment sans émouvoir l'administration du lycée qui croyait avoir résolu le problème en confiant les meilleures classes littéraires (dites « A ») à Yoyo, les classes de sciences naturelles et biologiques (dites « D ») à Ménil et les classes scientifiques (dites « C ») à Lanier. Les futurs médecins et matheux avaient moins d'heures de philo que vous et le coefficient de cette matière au baccalauréat était de toute façon négligeable.

Le personnage de Lanier te serrait le cœur. Il avait l'air de promener son grand corps torturé dans les cours du lycée comme s'il faisait encore sa promenade quotidienne dans le camp allemand où il avait passé trois ans de sa vie. Parfois, des huées et des quolibets fusaient de sa salle de classe les rares fois où ses élèves n'avaient pas pris la discampette, obligeant Bill à venir y mettre bon ordre. Un matin, tu l'avais aperçu qui remontait le petit morne du lycée, mouillé de la tête au pied. Il corrigeait des devoirs en marchant et les voltigeait dans les airs en s'écriant :

« Nul ! Ça, c'est du charabia ! Du charabia ! »

Les blanches copies, emportées par la brise marine, voletaient jusqu'aux toits du quartier bidonvillesque de Texaco qui se trouvait en contrebas, au grand étonnement des automobilistes. Des fainéantiseurs sortirent des bars et se mirent à le chahuter en créole, ce dont Lanier n'avait cure. Arrivé à la porte du lycée, ses lunettes à double foyer dégoulinant d'eau de mer, il s'était débarrassé de tout son paquet de devoirs et, sans jeter le moindre regard au petit groupe de lycéens qui l'observait avec curiosité, il pénétra dans le lycée, très digne, la barbe avantageuse, tel un empereur romain. Plus tard, Djabsoud t'apprit que le bougre, avec lequel il entretenait des disputes philosophiques ubuesques sur le pont de l'Abattoir (sans jamais oublier de le délester de son argent), avait « canté » vers Texaco au lieu de se diriger vers le lycée. Là, il avait pénétré dans la mer boueuse jusqu'aux genoux, avait ôté les copies de son sac et s'était mis à les corriger, jetant aux flots les plus mauvaises. Parfois, il prononçait d'une voix de stentor un mot que nul ne parvint à capter. Quelque chose comme « Tabassa » ou « Thalassa ».

Piqué par la curiosité, tu avais déserté en fin d'année un cours de ton idole, Émile Yoyo, pour aller suivre celui de Lanier. Tu t'étais retrouvé avec deux autres élèves qui jouaient aux « petits points-petites croix » sans prêter aucune attention aux explications de l'échappé de Buchenwald, comme l'avaient surnommé certaines mauvaises langues. Et là, immense fut ta surprise de découvrir un être blessé au plus profond de sa chair qui parlait de la douleur et du malheur d'être un homme dans un monde sans éthique. Une phrase devait rester gravée à jamais dans ta tête :

« Dieu a déserté le monde et de faux prophètes parlent à sa place. »

Mais tout n'était pas aussi tragique au lycée Schœlcher en cette fin des années 60. Il y avait madame Catherine, l'appétissante madame Catherine, dont les jambes galbées, couleur de sapotille mûre, faisaient saliver les adolescents boutonneux que vous étiez. La salle de sciences naturelles où elle professait disposait d'une estrade plus haute que la normale et vous vous battiez tous pour vous trouver au premier rang. C'était l'unique cours dans lequel les places occupées le premier jour de la rentrée ne revenaient pas de droit à ceux qui les avaient occupées. Un silence religieux suivait la bousculade entraînée par le premier son, instant où normalement les élèves avaient ordre de se ranger par deux le long de la salle de classe. Les plus combatifs (ou les plus vicelards) s'étaient précipités aux premiers rangs sans même attendre le deuxième son sous le regard faussement indifférent de madame Catherine qui était vêtue, le plus souvent, d'une jupe très courte, laissant voir le galbe de ses jambes. C'était une câpresse d'une sensualité phénoménale, dont la poitrine aussi était un crime. Tu faisais preuve d'un courage sans nom, bravant les coups de pied et les tchocs, pour te procurer une place d'où il te serait possible de plonger tes yeux entre ses jambes dès qu'elle se lèverait pour écrire au tableau. Congestionnés, les élèves des premiers rangs faisaient mine d'être extrêmement attentifs mais ils auraient été bien en peine de distinguer le cubitus du radius au bout des deux heures de cours. À l'air libre, on les entourait pour entendre leurs commentaires : tel jour, elle avait une culotte rouge ; tel autre, on avait aperçu le fin duvet qui dépassait de ses sous-vêtements. Par malheur, l'épreuve de sciences naturelles n'était que facultative dans votre section littéraire. Chaque fois que tu apercevais madame Catherine dans la cour, tu songeais à cette romance de Rosalia :

Tanpi pou sa ki pa ni doudou
ki pa konnèt lanmou, ki pa sa enmen
Tanpi pou sa ki pa ni nonm dou
pou karésé yo, pou kajolé yo

Mwen té mayé, moun-la kité mwen
I pati Kolon, i abandoné mwen
Tjè byen senyen, zyé mwen byen pléré
Men Ti Jo vini, i konsolé mwen

(Tant pis pour celles qui n'ont pas d'amoureux
qui ne connaissent pas l'amour, qui ne savent pas
    aimer
Tant pis pour celles qui n'ont pas de doux ami
pour être caressées, pour être cajolées par lui

J'étais mariée, l'homme m'a quittée
Il s'en est allé à Colon, il m'a abandonnée
Mon cœur a beaucoup saigné, mes yeux ont
    bien pleuré
Mais Ti Jo est arrivé, il m'a consolée)

Votre professeur d'italien, jeune femme d'origine corse mariée à un Martiniquais, provoquait aussi (à son insu) une très forte excitation chez les sept élèves que l'administration avait autorisés à suivre cette matière, laquelle vous dispensait, en terminale, de l'étude des mathématiques. Ce privilège était pour le moins exorbitant puisqu'il vous aurait fallu commencer à apprendre la langue de Dante dès la classe de seconde. Vous étiez donc obligés de mettre les bouchées doubles en terminale, ce qui revenait à recevoir quatre heures de cours supplémentaires par semaine. Aucun d'entre vous ne s'en plaignait : *il professore* était belle à croquer. Toi-même adorais la langue italienne dans laquelle, contrairement à l'espagnol, tu fis des progrès foudroyants.

Ton cauchemar personnel était les leçons de musique que dispensait madame Éda-Pierre, une brillante pianiste, qui officiait dans une sorte de tourelle située un peu à l'écart des bâtiments principaux. Jamais tu n'es parvenu à lire la moindre note de solfège et, quand elle demandait de battre la mesure, tu te laissais aller à agiter ton bras en tous sens, cherchant à imiter tes plus proches camarades. Déjà que tu n'avais pas du tout l'oreille pour la musique créole, ses gammes européennes te laissaient de marbre. La musique classique n'était d'ailleurs, pour la plupart d'entre vous, rien d'autre que de la « musique d'enterrement », celle que la radio jouait juste avant et juste après l'interminable litanie des avis d'obsèques. Maths et musique, passions de ton père, avaient, en effet, le don de t'indisposer. Une sorte d'angoisse sourde t'étreignait dès que tu avais à subir ces deux matières, provoquant parfois des sortes de petits hoquets qui te soulevaient la poitrine. Tu demandais alors à sortir et tu te précipitais au robinet de la cour pour engloutir des gorgées d'eau, invariablement tiède à cette heure de la journée. Tu avais de la chance que madame Éda-Pierre ne perdît pas son temps à sanctionner des cancres de ton espèce.

Le vieux lycée, construit pour damer le pion à l'aristocratie blanche créole, continua à produire son contingent de bacheliers brillants. La plupart de tes condisciples devaient continuer leurs études en France (les Antilles ne disposant pas à l'époque d'université) et devenir des agrégés de lettres, des médecins, des pharmaciens, des avocats, des économistes, des écrivains et des artistes de renom.

GINA, SOPHIA, SYLVANA, ROSSANA ET LES AUTRES

Tu rêvais d'elles d'octobre à juillet. La nuit, bien sûr, toutes ces nuits agitées à chercher un sommeil qui déjà te fuyait, mais aussi le jour. Dans l'autobus qui te conduisait de chez tes parents, au quartier de Coridon, jusqu'au centre-ville, parmi des nuées de lycéens braillards et taquins ; dans ta chambre encombrée de livres par les persiennes de laquelle tu entrevoyais, en fines portions de bleu, la rade où, de temps à autre, des bateaux immenses semblaient s'entrechoquer ; au stade Serge Rouch, le dimanche après-midi, lorsque, accompagnant ton père et ton frère cadet, vous attendiez le début du match qui opposerait votre équipe favorite, le Club Colonial, à quelque rival redouté tel le Golden Star, le Good Luck ou l'Assaut. Elles étaient, à tes yeux d'adolescent frémissant, le symbole même de la perfection féminine, laquelle demeurerait, à cause d'elles, définitivement attachée à la rondeur. Tu avais souvenir de ton grand-père François, le distillateur de Macédoine, qui répétait à tout propos :

« Un homme, c'est plat, une femme, c'est rond, foutre ! »

Le corps pulpeux de Gina Lollobrigida te fascinait. Sa bouche charnue, ses hanches puissantes t'étaient une invite à percer ce mystère de l'autre sexe avec lequel tu avais peu frayé jusque-là, hormis tes (chastes) accointances avec ta servante Rosalia. La hautaineté naturelle de Sophia Loren, son regard de velours, t'indiquait une autre facette tout aussi attrayante du corps féminin, de même que la poitrine fabuleuse de Rossana Podestà ou les cuisses tentatrices de Sylvana Mangano. Au cinéma Bataclan, dès qu'apparaissait au générique le nom d'une de tes quatre actrices préférées, ton dos se raidissait soudain sur ton siège et tu n'entendais plus les commérages que brocantaient tes voisins ni l'agaçant épluchage des pistaches grillées dont raffolaient les spectateurs, quel que fût leur âge. Gina et ses consœurs devaient avoir beaucoup d'admirateurs car, à leur première apparition à l'écran, un silence entrecoupé de légers halètements ou de raclements de gorge discrets s'abattait sur la salle. Jusqu'à ce qu'un voyou s'écrie :

« *Haa, mi fanm mwen an, mésyé !* » (Ah, ça, c'est ma nana, les gars !)

Il suffisait que Gina se trémousse ou que Sophia fasse la moue pour qu'aussitôt jaillissent, un peu partout, des bruits de succion. Si, d'aventure, l'une d'elles laissait entrevoir un bout de sein ou la fente de ses jambes, un véritable déchaînement de soupirs pleins de stupre se produisait, chose qui avait le don d'agacer les spectatrices, surtout celles qui accompagnaient leurs maris ou leurs concubins. Les plus majorines lançaient des « *Tjip !* » (Bof !) ou demandaient carrément :

« *Sa yo ni an plis ki nou ? Yo ni tété, enben nou ni tété tou ! Yo ni bonda, enben nou ni bonda tou !* » (Qu'est-ce qu'elles ont en plus que nous ? Elles ont des seins, eh ben nous en avons aussi ! Elles ont un cul, eh ben nous en avons un aussi !)

Des machos leur intimaient l'ordre de se taire là-même. Elles n'étaient que des négresses faraudes à tête sec, des chabines tiquetées de taches de rousseur, des mulâtresses rondouillardes ou des Indiennes-Coulies plates comme des morues séchées. Comment osaient-elles se comparer à ces créatures divines qui étaient toujours impeccablement vêtues et qui, par-dessus tout, ne chiaient jamais ? Il semble que cette censure quant à la défécation en étonnait plus d'un, car tu avais entendu Fils-du-Diable-en-personne déclarer, sans être aucunement contredit :

« *Fanm blan pa ka kaka !* » (Les femmes blanches ne chient pas !)

C'était là, apparemment, un signe de distinction suprême aux yeux de la négraille, un élément indiscutable de leur éminente supériorité sur les femmes de couleur, en tout cas. Un doute t'était même venu : effectivement, à l'écran, tes idoles italiennes buvaient, mangeaient, dormaient, se lavaient, faisaient l'amour, se fâchaient, se battaient toutes griffes dehors parfois, enfantaient même, mais jamais au grand jamais tu n'en avais vu une seule se rendre aux cabinets. Les hommes, par contre, pouvaient être vus en train de pisser, quoique de dos, ou, plus rarement, en position accroupie, en train de faire leurs besoins, notamment dans les films qui se passaient à l'époque romaine ou chez le Grand Turc. Il avait fallu rassembler toute ta raison pour ne pas poser à ta mère la question idiote qui te brûlait les lèvres : les Blanches étaient-elles faites de la même manière que les femmes de couleur ?

Une autre question, moins stupide, te taraudait : pourquoi les vraies Blanches ne ressemblaient-elles jamais à Gina, Rossana ou Sylvana ? La bande de Ti Jean rôdaillait parfois aux abords de la gendarmerie de Grand-Anse, située à l'écart du bourg, presque à la frontière de la campagne, et tu avais pu surprendre, cachées dans les halliers, de grosses créatures laiteuses en train d'étendre leur linge sur un fil ou des fillettes filiformes aux nattes ridicules qui jouaient au cerceau. Une fois, maître Hermin, un charpentier émérite à qui tu rendais de menus services, t'avait demandé de l'accompagner dans ce lieu interdit au commun des mortels et d'ailleurs entouré d'une barrière de fil barbelé. Tu lui portais des seaux, une truelle, un long tuyau et du ciment qu'il avait séparé en quatre sachets pour chacun d'entre vous tandis qu'il charroyait une grosse échelle sur le dos. Il s'était inventé maçon auprès d'un sergent-chef dans le but de lui ravir sa femme, à qui il n'avait cessé de faire des yeux doux chaque fois qu'elle venait promener son dernier-né sur le front de mer. Aucun homme n'aurait osé s'approcher de trop près d'une femme de gendarme, encore moins lui adresser la parole. Seules les négresses s'autorisaient des privautés de ce genre, et le bébé de la dame en question était la proie d'une admiration démonstrative dès qu'on apercevait sa poussette en toile rose. On complimentait la mère, on faisait guili-guili à son rejeton, on lui demandait humblement l'autorisation de lui embrasser les quenottes, les plus hardies sollicitant l'insigne honneur de pouvoir le prendre dans leurs bras. La femme du sergent-chef acquiesçait avec des airs de princesse tout en lorgnant du côté du groupe d'hommes qui jouaient au bonneteau ou au sèrbi sur le parvis de l'église.

« Ah, le bel enfant ! s'exclamait-on. Vous avez vu comment ses cheveux sont lisses, hein ? Et sa peau, regardez bien sa peau, on dirait de la chair de corrossol ! Quel petit Jésus ! »

La dame — que chacun appelait simplement « l'Européenne » — faisait mine d'être ravie mais tu sentais bien qu'elle avait l'esprit ailleurs. La grande taille de maître Hermin, son verbe haut l'avaient séduite au premier regard et lui, le couillon, s'en vantait auprès de ses compagnons tout en sachant très bien qu'il n'aurait jamais la moindre possibilité de profiter de l'occasion qui lui était pourtant si facilement offerte. Ce petit manège dura presque un mois de juillet entier. Final de compte, ce fut la femme du sergent-chef qui se décida à faire les premiers pas et cela par ton truchement. Elle s'était montrée surprise de la pâleur de ton teint et t'avait demandé qui était ton père.

Son accent pointu t'avait tellement paralysé que seul un borborygme sortit de ta bouche. C'est pourquoi, en une autre circonstance, tu avais été fort étonné de constater qu'elle connût ton prénom et qu'elle sût que tes parents habitaient Fort-de-France. Grandissime fut ta surprise lorsqu'elle t'offrit un journal illustré, *Spirou*, qui racontait, entre autres, les aventures d'un animal bizarroïde qui ressemblait au manicou, avec sa poche ventrale dans laquelle il portait ses petits, et qui se déplaçait de branche en branche à l'aide d'une très longue queue. Étrange était aussi son nom : le Marsupilami. Tu avais remercié la dame et, surprise d'entendre pour la première fois le son de ta voix, elle s'était exclamée :

« Mais tu parles bien le français, toi ! »

Régulièrement, elle t'offrait des journaux illustrés, te flattant de la voix et de la main, et tu en ressentais une indéniable fierté. Une dame blanche t'avait remarqué parmi tous ces négrillons braillards qui tournoyaient autour de sa poussette dans l'espoir qu'elle leur lance, au pillage, quelques pièces de menue monnaie. Pourtant, elle ne te paraissait pas belle, à cause de son extrême minceur et de ses seins qui avaient la forme d'œufs au plat, comme le disait non sans méchanceté Marraine Lily qui la soupçonnait, à raison, d'aguicher les hommes. À l'époque, une belle femme ne pouvait être qu'une femme « costaude », c'est-à-dire bien en chair, opulente, sans être grosse pour autant, et la propre épouse de maître Hermin en était un magnifique spécimen. Un beau jour, l'Européenne te confia discrètement un bout de papier à remettre au charpentier en lâchant d'un ton négligent :

« Je ne veux pas le déranger. Il est occupé avec ses amis… Attends qu'il ait fini, s'il te plaît… »

Maître Hermin paradait sur le parvis de l'église, sûr de son fait, et quand tu l'avais suivi dans l'étroite ruelle qui menait à sa maison, laquelle faisait face aux ruades incessantes de la mer de Grand-Anse, il se tourna vers toi avec brusquerie et te demanda :

« Alors ? Elle t'a rien dit pour moi, chabin ? »

Incrédule, il se saisit du petit mot, plissant les yeux pour tenter de le déchiffrer.

« Hé ! J'ai pas mes lunettes. Tu peux me lire ça ? Ferme ta bouche après ça, d'accord ? Les gendarmes sont des bougres scélérats, ils peuvent te fourrer à la geôle comme un rien, oui », s'écria-t-il, cachant mal sa nervosité.

L'Européenne lui donnait rendez-vous dans un hangar, vide à cette période de l'année, où le propriétaire de la plantation Fond Gens-Libres, l'exploitation agricole la plus proche du bourg, entreposait ses outils. Auparavant, maître Hermin s'acquitta du travail de maçonnerie que lui avait confié le mari de la volage, un gendarme à la moustache en bataille qui fricotait avec les nègres et parlait même quelques mots de créole. Le bougre se montra aussi bon manieur de truelle que pouvait l'être un menuisier, cela sans éveiller les soupçons du maître de maison. Ta bande, qui était venue lui prêter main-forte, observait du coin de l'œil les enfants blancs qui jouaient au cerceau ou à la marelle dans une cour entourée de hauts fils barbelés. Il ne te sembla pas que l'Européenne et maître Hermin échangeassent le moindre petit brin de causer. Pourtant, Ti Jean, qui était veillatif, sut avec exactitude le jour où les deux amants devaient se rencontrer. Vous vous étiez dissimulés dans les halliers tout proches, la gorge sèche, le cœur battant, et quand vous aviez vu apparaître la femme, en nage à cause des trois kilomètres qu'elle avait dû parcourir, visiblement au pas de course, certains d'entre vous ne purent réprimer un petit cri. Court vêtue, les cheveux dépeignés, les pieds chaussés de sandales, elle vous parut soudain plus humaine. Une sourde inquiétude lui rongeait les traits et elle n'avait de cesse de jeter de rapides coups d'œil dans son dos. Quand elle pénétra dans le hangar, Ti Jean vous fit signe d'approcher. De l'endroit où il s'était posté, on pouvait distinguer l'intérieur sans difficulté aucune parce que les planches des parois ne montaient pas jusqu'à hauteur du toit, sans doute pour laisser passer un peu d'air frais au moment de la roulaison. C'était, en effet, une ruche dès que le finissement de janvier pointait le nez : les coupeurs de cannes venaient y aiguiser leurs coutelas sur des meules, les amarreuses s'harnacher de haillons pour se protéger contre les feuilles de canne qui avaient le coupant des rasoirs, les mécanniciens s'atteler à des réparations sur d'antiques tracteurs. Le patron, un Béké fringant, y faisait de fréquentes incursions afin de contrôler la bonne marche des opérations.

« *Mi li !* » (Le voici !) s'exclama Ti Jean lorsque

l'impressionnante stature de maître Hermin se découpa au bout de l'allée de poiriers-pays.

L'homme faisait preuve d'une insouciance stupéfiante. Il faraudait, même. Ce n'était pas tous les jours qu'un nègre pouvait braquemarder une femme blanche. Une femme appartenant à ces chiens-fer de gendarmes en plus ! Il s'arrêta au bord d'une jarre pleine d'eau de pluie et se rafraîchit bruyamment le visage. Puis il se dévêtit, ne gardant que son caleçon, et pénétra à son tour dans le hangar comme un matamore. Vous étiez tous admiratifs. À votre grande surprise, les deux amants n'échangèrent ni mots doux ni caresses : la femme, déjà dénudée, se jeta contre la poitrine de maître Hermin et le renversa sur le sol avec une surprenante brutalité. À l'instant où ce dernier s'empala en elle, un bruit de bottes vous fit détourner le regard. Cinq gendarmes, armés jusqu'aux dents, cernaient le bâtiment avec le mari cocu en première ligne. Le bougre, ivre de rage, défonça la porte déjà branlante d'un seul coup de pied et, mettant le couple en joue, gueula :

« Salope ! Salope que tu es, Henriette ! Ma mère m'avait pourtant prévenu de ne pas t'épouser. Je sais pas pourquoi je l'ai pas écoutée. »

Il fondit sur le couple qu'il désenlaça et se mit à calotter son épouse dont la tête se transforma littéralement en girouette. Ses collègues ramassèrent les vêtements de celle-ci et l'emmenèrent au-dehors tandis que les deux rivaux, face à face, l'un dans un rutilant uniforme kaki, l'autre nu comme un ver, faisaient un combat d'yeux. Ils semblaient ne point entendre les hurlements de la femme adultère qui se débattait, la bave aux lèvres, entre les mains des autres gendarmes, les griffant, cherchant à leur mordre les bras.

« C'est... c'est elle qui voulait... », s'excusa maître Hermin comme un petit garçon pris en faute.

Le mari trompé ne pipa mot. Lentement, il déboutonna son holster et empoigna son pistolet. Le noir brillant de son canon vous fit frissonner. Pointant l'arme à hauteur de la tempe du menuisier, il ricana :

« Ha-ha-ha !... Ha-ha-ha !... T'as peur, mon vieux, hein ? Avoue que tes couilles, elles dansent gigue !

— J'ai rien fait, non. C'est... c'est elle ! »

À l'instant où le cocu appuyait sur la détente, un de ses collègues, qui était rentré dans le hangar, se précipita sur lui pour tenter de dévier l'arme. Dans la confusion, la balle fracassa l'épaule gauche de maître Hermin qui s'écroula dans un bain de sang.

« *Annou chapé !* » (Tirons-nous de là !) murmura Ti Jean, effrayé, mais aucun d'entre vous ne bougea.

Vous étiez comme pétrifiés. Qu'une si alléchante scène d'amour se fût terminée par un drame déconcerta votre naïveté adolescente. Vous pensiez à ce moment-là que maître Hermin avait perdu la vie. Cela suffirait-il à apaiser l'ire des gendarmes de Grand-Anse, dont le comportement envers la population en temps normal était rien moins qu'amène ? Vous en doutiez tous en votre for intérieur qui était agité de sentiments contra-dictoires. Julien s'était saisi d'une roche qu'il vou-lait lancer à la tête du cocu, geste suicidaire que Ti Jean l'empêcha de concrétiser. Momo sanglotait, accroupi, les deux mains lui couvrant le visage. Toi-même ressentais un grand vide dans ta tête. La scène, digne d'un film du cinéma Bataclan, son affreuseté, t'avaient tout bonnement coupé le souffle. L'un après l'autre, vous aviez suivi Ti Jean dans un chemin de traverse, avançant tels des som-nambules en dépit de l'éclatant soleil de cette fin d'après-midi. Marraine Lily ne remarqua pas ton air effaré. Le lendemain, quand la nouvelle se répandit à travers le bourg, elle déclara sans une once d'émotion :

« Bien fait pour Hermin ! Les nègres ne savent pas qu'ils ne doivent pas toucher aux femmes blanches alors ? Eh ben Bondieu ! »

Le fin mot de l'affaire devait t'être révélé aux grandes vacances de l'année suivante par un Ti Jean rongé par le remords : c'était lui qui avait rapporté au gendarme la confidence que tu lui avais faite quant au rendez-vous qu'avaient pris les deux amants. Il en voulait à mort à maître Hermin parce que ce dernier, qui l'embauchait comme aide en certaines occasions, ne le payait jamais en dépit de ses promesses répétées. Le menuisier en fut quitte pour une épaule démontée à vie et se renfrogna dès lors dans une sorte de prostration qui faisait peine à voir.

« Vaut mieux que Sophia Loren et Gina Lollo-brigida restent sur un écran de cinéma ! » te disais-

tu chaque fois que tu voyais une femme de gendarme en train de promener son bébé au bord de
mer.

À la maison, Rosalia, ta servante doudou-
chérie, chantonnait à tue-tête :

C'est par un soir de mai
que j'ai rencontré,
sous un ciel de pleine lune,
l'amant aux lèvres brunes,
et depuis ce moment,
je fus prise vraiment.
Une amoureuse flamme
s'alluma dans mon âme.

Ô toi, l'aurore de mes vingt ans,
Benjamin, mon chéri, mon amant,
étreins-moi, mon bonheur, toi que j'aime.
À toi seul tous mes transports suprêmes !
Donne-moi des baisers enivrants,
écrase-moi sur ton cœur aimant,
fais couler le flot de tes caresses
dans mes veines avides d'ivresse.

GOAL

Tu avais lamentablement raté ta vocation. Dès l'âge de douze ans, il ne faisait aucun doute pour toi que tu deviendrais un grand gardien de but, à l'instar de Lev Yachine, le dernier rempart de la sélection de l'Union soviétique, araignée aux yeux taciturnes dont les envols sublimes te coupaient le souffle. Grâce à « Gaumont-Actualités », le monde était régulièrement tenu au courant de ses exploits et tu découpais ses photos dans le magazine *Miroir du Football,* les collais sur ton bureau et, très vite, un peu partout dans la partie de ta chambre qui constituait ton territoire personnel, l'autre appartenant à ton jeune frère. Te fascinaient surtout la tenue entièrement noire de Yachine et ce numéro 1 tout blanc qui lui auréolait le dos. Cette solitude magnifique dans les buts. Cette souveraineté qu'il exerçait avec des gestes sobres en direction de ses arrières dans le périmètre étroit de son royaume : dix-huit mètres. Dix-huit mètres que le portier russe avait le don de multiplier par cent, par mille à chacune de ses miraculeuses interventions.

Dès ton arrivée à Grand-Anse, à la mi-juillet, ton premier mouvement était de te précipiter sur la plage de sable noir et brûlant pour te joindre à quelque partie de football. Chaque gamin s'était affublé du surnom d'un joueur international : Ti Jean était, bien entendu, Pelé ; Richard, un de tes cousins, Garrincha, le célèbre ailier droit brésilien qui avait une jambe plus courte que l'autre, légère infirmité qu'il utilisait pour mystifier ses adversaires en inventant des dribbles diaboliques. Tel autre était Bobby Charlton, l'avant-centre de génie de la sélection d'Angleterre. Les équipes que vous improvisiez avaient toutes des noms cariocas : Santos, Fluminense ou Flamengo. Vous étiez tous indécrottablement supporters de l'équipe nationale du Brésil, et cela même quand elle jouait contre celle de la France. Et même quand cette dernière comportait un joueur antillais !

Les multiples champions du monde avaient pourtant un sérieux talon d'Achille : à part Manga, dont la carrière fut brève à cause des plongeons insensés qu'il faisait dans les pieds des avant-centres, le Brésil n'avait jamais possédé de gardien de but de valeur mondiale. Tout le monde reconnaissait que les meilleurs à ce poste étaient les Européens et, en particulier, ton idole, Lev Yachine. Chaque fois que tu t'installais dans les buts de fortune — deux gaulettes de bambou hâtivement fichées à même le sable et pas de barre transversale —, tu resongeais à Yachine et immédiatement à Evguéni, ce marin russe égaré dont ta servante Rosalia avait été amoureuse

quelques années auparavant, années qui te paraissaient des siècles tellement l'enfance avait le don
d'allonger démesurément la perception du temps.
À huit ans, tu étais épouvanté à la seule idée de
devoir vivre jusqu'à quarante ans ; à douze ans,
c'est la soixantaine qui te paraissait effroyablement
lointaine. Ce n'est qu'après avoir dépassé les seize
ans que tu avais commencé peu à peu à ressentir la
fuite du temps.

Dans ton esprit, Yachine et Evguéni ne faisaient
plus qu'un et tu réentendais Rosalia chanter :

Si lannuit té ka palé
Si lannuit té ka kozé
Si lannuit té ka palé
Nou té ké viré konnèt lavi Charlôt

Granmanman ka di ba nou
I ja pran an sèl bolonm
Sé té nonm Kayèn-la
Ki ba'y pôté lô krizokal

(Si la nuit pouvait parler
Si la nuit pouvait causer
Si la nuit pouvait parler
Nous connaîtrions la vie que mène Charlotte

Grand-mère nous dit
qu'elle n'a couché qu'avec un seul homme
C'était l'homme de Cayenne
qui lui offrit du chrysocale en guise d'or)

Cela ne t'empêchait pas de te concentrer, de suivre le ballon des yeux, surtout quand il se trouvait dans les pieds de Momo, un bougre du quartier Vallon qui possédait un shoot à ras de terre particulièrement vicieux. Tandis qu'il tentait de déborder sur l'aile gauche et que vos arrières s'efforçaient de contenir son avancée, la voix somptueuse de Rosalia continuait à retentir en toi :

Gran jakèt ou two pa bon
Avan ou té rantré lajôl-la
Ou pwan ti pôpôt-la
Ou pôté'y ba bébé djinen !

Charlôt, bôs a koko
Lésé lavi ba lajénès

(Ta grande jaquette n'est guère en bon état
Avant que tu n'entres à la geôle
Tu as saisi la petite poupée
Tu l'as portée à Bébé Guinée

Charlotte, bosse à bitte
Laisse la vie à la jeunesse !)

Les sous-entendus grivois t'avaient d'abord échappé lorsque tu avais entendu cette chanson pour la première fois, puisque tu avais traduit *bôs a koko* par « bosse de noix de coco » au lieu de « bosse de braquemard », le mot créole *koko* désignant les deux choses à la fois. Ils ne t'avaient été révélés que le jour où Marraine Lily t'avait surpris à la fredonner et qu'elle t'avait flanqué un retentissant paraviret sur les deux joues. Non pas qu'elle fût spécialement pudique, mais elle tenait à ce que sa marmaille « reste dans sa grandeur », ce qui dans son parler créolisé signifiait « demeure au rang qui lui était assigné ». Si bien que tu avais pris l'habitude de chanter *« Charlôt, bôs a koko »* en ton for intérieur et tu avais le sentiment que cela te conférait une manière d'invincibilité qui écœurait tes adversaires. Momo finissait toujours par se débarrasser de ses gardes du corps et se présentait devant tes buts, « à zéro mètre », comme tu disais, l'air déjà goguenard. Tu t'élançais à pieds joints pour tenter de dévier le ballon, soulevant un nuage de sable qui aveuglait l'ailier au dribble inarrêtable. Le ballon s'arrêtait net, comme perdu pour tout le monde, et, en un battement d'yeux, tu te jetais dessus dans une envolée gratuitement spectaculaire qui déclenchait les applaudissements des vieux-corps qui vous observaient depuis la rambarde du bord de mer. Ils s'improvisaient sergents-recruteurs au profit de l'équipe de Grand-Anse, le Rapid-Club, laquelle se traînait depuis toujours dans les profondeurs du classement de la première division. Si elle n'avait pas encore pu accéder à la division d'honneur, c'était parce qu'un véritable buteur lui faisait défaut, quelqu'un qui aurait été à même de concrétiser les nombreuses occasions qu'elle se procurait à chaque rencontre. En réalité, dès qu'un jeune montrait ce genre de qualités, il était aussitôt recruté par quelque grande équipe des communes voisines — la Samaritaine ou la Gauloise — contre la promesse d'un emploi, chose que personne n'aurait eu l'impudence de dédaigner d'autant que, par accord tacite, on était assuré non seulement de travailler à l'ombre mais aussi de n'avoir pas à faire trop d'efforts. Surveillant de cantine scolaire, adjoint au gardien du stade ou planton à la mairie, telles étaient les propositions pour le moins alléchantes que faisaient aux surdoués de Grand-Anse les présidents des clubs adverses, au grand dam des supporters du Rapid-Club.

Que le football fût le sport roi, qu'il fût universellement pratiqué (et adulé) ne t'étonnait pas le moins du monde. Tu avais, en classe de troisième, stupéfié ton prof de gym, un Albigeois fanatique de rugby qui tentait de convertir ta classe à ce sport que vous aviez unanimement qualifié de « *konba bèf* » (combat de bovins).

« Le football est le seul et unique sport collectif », avais-tu pontifié devant l'enseignant ébaubi, « dans lequel le score est totalement indépendant de la qualité du jeu et c'est également le seul dans lequel un match peut se terminer par 0-0 ».

Tu avais ajouté, enfonçant le clou, qu'une partie extraordinaire, une partie qui avait déchaîné l'enthousiasme des spectateurs, pouvait parfaitement s'achever sans qu'aucun but ne soit marqué et sans que personne ne se sente frustré pour autant. À la limite, les scores fleuve du genre 6-3 ou 5-4 signalaient, en général, des matches médiocres. Le but au football est une chose rare, unique, imprévisible, alors qu'au rugby, au hand-ball et surtout au basket-ball, il est fréquent, trop fréquent même, ce qui fait que nul n'a jamais assisté à un match qui se soit terminé par un score vierge.

« C'est parce que le spectateur halète tout au long de la partie dans l'attente d'un but qui peut fort bien ne jamais venir que le football est génial, avais-tu conclu.

— T'as une sacrée jugeote, toi ! » avait rétorqué le rugbyman, songeur.

Fâché cependant avec le foot, il avait tenté de convertir votre classe au basket. Tu avais aussitôt ridiculisé ce sport dans lequel il suffisait d'avoir une taille de grand dadais pour marquer un panier, panier qui se répétait mécaniquement comme des pets de lapin. Au foot, avais-tu argumenté, la taille n'entre pas en ligne de compte. On pouvait être presque nain ou au contraire long comme le Mis-sissippi, gros ou maigrichon, voire boiteux comme Garrincha, cela n'avait aucune importance s'agis-sant du talent du joueur. Il n'y avait pas de mor-phologie type au foot !

« Au rugby, faut être une armoire à glace, au basket, faut avoir deux mètres de haut, au volley-ball faut être acrobate et au handball ultra-rapide ! » lui avais-tu assené sans qu'il pût te rétor-quer quoi que ce fût.

Tu avais, en fait, très peur qu'il ne t'interdise de garder les buts à cause de tes lunettes. Tu l'avais couillonné les premières fois en te présentant sans elles mais tu avais dû déployer de tels efforts visuels que tes terribles maux de tête s'étaient réveillés. Ton agilité face aux équipes rivales du lycée technique ou du collège de Perrinon l'avait empêché de te mettre sur la touche après qu'il se fut aperçu de la supercherie. Tu portais des lunettes et cela ne t'empêchait ni de détourner des tirs qui prenaient la direction de la lucarne ni de stopper des penaltys. Dès que tu t'installais sous ce que tes petits camarades et toi appeliez les « trois-bois », une fierté démesurée montait en toi. Tu portais le numéro 1 ! Tu étais l'ultime rempart contre les menées adverses. Celui qui pouvait sauver un match à lui tout seul ou bien le faire perdre. Solitaire dans ses buts, énigmatique parce qu'il était le seul à avoir le droit d'utiliser à la fois les pieds et les mains, le goal te paraissait éminemment supérieur à tous ces joueurs de champ qui couraient comme des dératés, tombaient comme des masses lorsqu'ils étaient contrés ou hurlaient de douleur quand ils subissaient un tacle trop appuyé. Le goal savait garder sa dignité. Il était l'expression même de la dignité. Aucun doute possible : plus grand, tu deviendrais gardien de but professionnel et, en t'entraînant à fond, il n'y avait aucune raison pour que tu n'égales pas Lev Yachine, ton héros dont la photo ornait tout un pan de ta chambre.

Inutile de dire que le « football-couloir » était ta hantise. Cela consistait à disposer, de part et d'autre du terrain, deux buts miniatures qui ne nécessitaient aucune garde particulière tant parvenir à y faire pénétrer le ballon relevait de l'exploit. Il est vrai que ce type de jeu avait surtout pour finalité de développer la maîtrise technique chez les joueurs, puisque les tirs de loin ou au jugé n'avaient pas la moindre chance d'aboutir. Tu devais te battre pied à pied avec Ti Jean et les autres pour qu'ils acceptent d'installer de vrais poteaux de goal. Ils te laissaient d'ailleurs le job d'aller à la recherche de ces gaulettes de bambou que charroyait, à l'autre extrémité de la plage, l'embouchure de la rivière du Lorrain. Il était vain d'espérer une quelconque aide de la part de tes alter ego appartenant aux équipes rivales du Santos Football-Club, du nom pompeux que s'était baillé votre petit groupe disparate pour la simple raison que nul ne semblait y avoir la vocation de gardien de but. Les capitaines adverses désignaient d'autorité à ce poste les joueurs les moins doués ou ceux contre lesquels ils avaient une dent. Cette situation favorisait le Santos mais contribuait à décrédibiliser aux yeux de tous le rôle de celui qui portait fièrement au dos, comme c'était ton cas, le numéro 1.

Tu n'osais t'ouvrir à tes parents de cette perspective d'avenir quand bien même ton père vous entraînait, ton frère Miguel et toi, le samedi ou le dimanche après-midi au stade Serge Rouch pour assister aux matches que disputait ton équipe favorite, le Club Colonial. S'il éprouvait une réelle admiration pour Mardayé, l'avant-centre rondouillard au tir en forme de boulet de canon, s'il applaudissait aux dribbles de Cayol, un numéro 10 particulièrement doué, ou s'il s'émerveillait devant les parades fantastiques du gardien Sotier, il n'en considérait pas moins les footballeurs comme des bougres qui « n'avaient pas travaillé à l'école », voire des semi-voyous. Qu'il supportât le Club Colonial, dont la majorité des fans provenaient des quartiers populaires, et donc nègres, de l'En-Ville, ne cessait de t'étonner. En bonne logique, il aurait dû pencher plutôt vers le Golden Star ou le Good Luck, équipes soutenues par bon nombre de mulâtres et de petits-bourgeois. Sans doute était-ce là l'unique forme de résistance qu'il opposait à une carrière toute tracée, et forcément monotone, de professeur de mathématiques. Ou peut-être s'agissait-il d'un restant de nostalgie envers sa jeunesse, dans l'entre-deux-guerres, quand il n'hésitait pas à abattre, de nuit, des kilomètres à pied pour se rendre à quelque bal-paillote en dehors de Fort-de-France. À entendre ses sœurs, il avait été un fin danseur et un coursailleur de jupons que favorisait son type de métis noir-chinois. S'étant rangé après son mariage, il ne lui restait plus que le stade comme exutoire. À vrai dire, son cas n'avait rien de particulier. Tu étais toujours stupéfait de voir des gens de bien, amis de ton père, s'exciter, injurier l'arbitre, lancer des quolibets aux supporters adverses. Instituteurs, dentistes, avocats, fonctionnaires divers ou gros négociants, ils semblaient prendre un plaisir intense à s'esbaudir dans le créole, la seule langue en usage dans l'enceinte des stades. Mais une fois la partie terminée, tout comme ton père, ils retrouvaient leur quant-à-soi et n'auraient jamais accueilli un footballeur à leur table.

Les supportrices aussi forçaient ton admiration. Il y en avait de toutes sortes : des jeunesses en forme, habillées sexy, la phrase assassine prête à jaillir de la bouche, comme de grosses matrones qui trituraient leur madras quand leur équipe subissait une domination trop appuyée. La plus étonnante était Lucile, une chabine-griffe flamboyante qui arborait le maillot bleu et jaune frappé d'une étoile du Golden Star. Sa belleté, son rire contagieux, ses commentaires avisés durant le match, la façon péremptoire avec laquelle elle clouait le bec à ses contradicteurs en impressionnaient plus d'un. On la disait secrétaire dans une administration ou dans une banque. En tout cas, grâce à une source d'informations non identifiée, elle connaissait toujours à l'avance le nom de l'arbitre qui s'apprêtait à diriger la partie et le lançait à la cantonade, mesurant l'effet de la révélation sur ses plus proches voisins, des hommes d'âge mûr le plus souvent, partagés entre l'envie de serrer contre eux son corps aguichant, ce qui en conduisait plus d'un au bord de la congestion, et la colère ou la joie que le nom de l'arbitre provoquait en eux. Les supporters du Club Colonial détestaient les arbitres, quels qu'ils fussent, persuadés qu'ils étaient que les hommes en noir étaient payés pour faire des misères à leur équipe. Tu entendais ton père murmurer à son voisin de siège :

« Lucile vient de dire que c'est Péraste qui va arbitrer aujourd'hui. Tonnerre de Dieu ! On va subir encore des penaltys comme la dernière fois.

— Tu peux le dire !

« — Dès qu'il voit un tacle glissé, il désigne le point de penalty. Le football, c'est quand même pas un sport de fillette, eh ben Bondieu ! » fulminait ton père.

Pour de bon, l'arbitre annoncé par l'égérie du Golden Star se révélait être toujours le bon. De même que la composition des équipes, pourtant tenue secrète pour des raisons tactiques, qu'elle prenait plaisir à dévoiler une bonne demi-heure avant le coup d'envoi. À l'entrée sur le terrain du corps arbitral et des vingt-deux joueurs, Lucile se mettait à hurler en trépignant :

« *Arbit siwo ! Arbit makoumè ! »* (T'es nul, l'arbitre ! Arbitre, pédé !)

Exclamations aussitôt reprises par nombre de spectateurs, dont ton père, qui ne se calmaient qu'au coup d'envoi. Tu n'avais d'yeux que pour le portier de ton club favori. Tu sentais tes fesses se rétrécir sur ton siège dès qu'un shoot violent lui était adressé et un immense soulagement te soulevait quand il le détournait ou l'arrêtait. Ton père n'eut conscience de ta passion pour ce poste de gardien de but qu'une seule fois, à l'occasion d'un penalty que Sotier avait stoppé avec brio et que le salaud d'arbitre avait fait tirer une nouvelle fois sous prétexte que ton goal avait bougé. À l'époque, c'était chose tout-à-faitement interdite. Ton père s'était penché sur toi avec inquiétude, essuyant la sueur froide qui baignait ton front, et t'avait lancé, ironique :

« Ce n'est qu'un jeu, mon vieux. Si tu commences à le prendre trop au sérieux, tu finiras par devenir cardiaque, oui ! »

Six ans durant, entre dix et seize ans, tu avais nourri le fol espoir de rejoindre une grande équipe professionnelle en Europe et d'y arborer le numéro 1 sur ton maillot. Six ans au cours desquels tu n'en avais jamais rien révélé à tes parents ni même à ton frère cadet. Ton rêve se brisa net le jour où ton prof de gym, en classe de seconde au lycée Schœlcher, décréta qu'à cause de tes lunettes aux verres cassables, il t'interdisait dorénavant de garder les buts et même de jouer au football.

Cet échec ne devait pourtant point te détourner par la suite de ta passion pour le sport roi. Simplement, au cours des matches où tu ne serais plus qu'un spectateur comme les autres, tu éprouverais d'étranges et délicieuses vibrations dans ton ventre à l'instant où les gardiens de buts, celui de ton équipe comme celui de l'équipe adverse, s'envolaient pour dévier la trajectoire du ballon. Tu faisais corps avec eux, t'ennuyant mortellement lorsque le jeu se déroulait trop longtemps au mitan du terrain. Yachine demeurerait à jamais ton héros préféré.

COLONIALISME,
NATIONALISME,
INDÉPENDANCE

L'éclopé te regardait dans le mitan des yeux des heures durant bien qu'il dût garder la tête légèrement renversée parce que sa case se trouvait en contrebas de la maison de tes parents. Tu aimais, l'après-midi, te réfugier sur le balcon d'où l'on apercevait la mer et, malgré les branches puissantes de l'arbre-à-pain qui poussait dans le minuscule jardin du voisin, rêvasser devant le ballet silencieux des avions s'apprêtant à atterrir, là-bas, au-dessus des Trois-Îlets. Tu avais le prétexte de préparer tes dissertations de français et de philosophie, chose qui nécessitait le calme le plus absolu, avais-tu expliqué à ta mère, laquelle était convaincue de ton sérieux à cause des notes excellentes que tu obtenais dans ces deux matières. En fait, dans l'affreux Lagarde et Michard, manuel qui, siècle après siècle, pourrissait tes vertes années et te dégoûtait de la littérature, tu avais le plus souvent dissimulé un roman d'Alberto Moravia. L'érotisme discret que distillait à merveille cet auteur italien contribuait à assouvir tes fantasmes d'adolescent en

114

proie à la puberté. Tu n'étais dérangé que par les soliloques de l'éclopé — un bras paralysé, une jambe coupée à hauteur du genou — qui, invariablement vêtu d'un uniforme de soldat et d'une barrette impressionnante de décorations, hélait tous les petits nègres qui passaient dans la ruelle pour que l'un d'eux veuille bien lui acheter une chopine de rhum à la boutique. Le Neisson, capiteuse eau-de-vie de canne à sucre, était le seul compagnon de son infortunée existence. Il ne semblait avoir ni famille ni amis. Les seuls moments où il se retrouvait l'objet d'une attention quelconque étaient le 14 juillet, le 11 novembre et le jour anniversaire de la fin de la guerre d'Algérie.

« C'est dans ce pays-là que monsieur Tertulien a esquinté son corps, oui ! » t'avait murmuré Rosalia qui le craignait comme la peste pour d'obscures raisons.

Elle l'avait, assurait-elle, connu dans son jeune temps. C'était un bel-beau nègre d'une taille imposante qui parlait français comme un livre déchiré et qui roulait dans une Vespa vert tendre, ce qui lui permettait de charroyer les capistrelles les plus regardantes. Il était le maître-pièce, le roi du Select-Tango, dancing du Bord de Canal où se retrouvaient les plus fins danseurs de Fort-de-France. Cha-cha-cha, rumba, mambo, valse créole et même fox-trot n'avaient aucun secret pour Tertulien qui, à cette époque, devait avoir à peine dix-sept ans sur sa tête.

« Il faisait plus vieux que son âge, ajoutait Rosalia, ce qui lui a permis de coquer des femmes qui auraient pu être sa mère, oui ! »

Elle-même se taisait sur ses relations avec le beau gandin et refusait de t'avouer qu'elle l'avait aimé en secret après qu'il lui eut accordé — c'était bien le mot ! — deux misérables petites danses à la fin d'un bal de Mercredi-des-cendres. Mais ton imagination débordante remplissait sans difficulté les omissions ou les trous de mémoire de ta servante. Tu la voyais se draper dans une robe rouge, qui baillait un éclat extraordinaire à l'ébène si uniformément lisse de sa peau, et pénétrer telle une déesse païenne dans ce temple de la danse. À cet instant-là, le cœur des cavaliers chavirait net. Ils relâchaient la pression sur leurs partenaires, attendant avec empressement la fin du morceau pour être les premiers à se précipiter au-devant de Rosalia. Les premiers à lui quémander une danse. Mais la belle négresse ne leur répondait même pas. Elle allait s'asseoir au fond du Select-Tango, à une table où se rassemblaient une grappe de femmes-matador et autres majorines, certaines adeptes de la fornication tarifée, et commandait d'une voix masculine, qui jurait avec la douceureuseté qui émanait de chacun de ses gestes, deux bières « Lorraine ». Deux, s'il vous plaît, et pas une !

Tu la voyais fort bien boire au goulot, fumer des cigarettes mentholées tout en s'esclaffant avec ses commères. La nuit roulait à une vitesse vertigineuse. Les couples se faisaient et se défaisaient. L'atmosphère du dancing devenait presque irrespirable à cause de la sueur, des vapeurs d'alcool, de la fumée du tabac et de ce parfum bon marché que l'on appelait « sentir-bon ». Pourtant, jamais l'or-

chestre ne mollissait. Clarinettes et maracas rivalisaient de frénésie avec les guitares, les saxos et les
violons. Tertulien, auréolé de gloire, dieu vivant,
virevoltait au bras de cavalières pâmées d'aise sans
s'attacher à aucune d'elles. On aurait juré qu'il
voulait faire danser tout le monde, sans préférence
aucune. Les autres hommes le jalousaient, dix
mille plis d'inquiétude leur barrant le front lorsque
leur fiancée s'avisait de solliciter les bras charmeurs
du jeune homme. Il n'y avait que Rosalia à ignorer
superbement le sieur Tertulien qui lui rendait bien
son indifférence.

« Tu lis ton livre, mon bougre, te réveillait ta
servante, ou bien tu es parti dans un rêve ? Toi, tu
es amoureux d'une fille, hein ? C'est ça ? »

Dès que le vaillant combattant d'Algérie entendait sa voix haut perchée, il arrêtait son défilé de
paroles et, bouche ouverte, fermait les yeux, la tête
toujours dirigée vers votre balcon. Il demeurait
dans cette posture tout le temps qu'il devinait la
présence de ta servante à tes côtés. Rosalia avait, il
est vrai, la maladie de la propreté. Elle passait la
serpillière trois fois par jour dans toute la maison,
s'inquiétant particulièrement du balcon que les
alizés noyaient sous de brusques amas de feuilles
mortes et de poussière.

« Allons enfants de la patrie-i-e ! » se mettait à
chantonner l'éclopé dès que tu te retrouvais seul
sur le balcon.

Il grognait ensuite contre les fellaghas algériens,
contre ces « maudits Arabes toujours prêts à vous
donner un coup de couteau dans le dos » et pestait

117

contre ces généraux traîtres qui leur avaient abandonné l'Algérie. De Gaulle — que tous les nègres d'ici-là vénéraient presque à l'égal de Jésus-Christ — était l'objet privilégié de sa vindicte. Ce qui enrageait tes parents, surtout ton père qui s'était saoulé le jour où l'homme de la résistance au nazisme avait rendu visite à la Martinique. Il t'avait vêtu ce jour-là comme un premier communiant et t'avait conduit sur la place de La Savane, au mitan de Fort-de-France, où des dizaines de milliers de gens attendaient dans un désordre indescriptible la venue du messie. Parmi eux, la plupart des hommes avaient bu plus que raison. Des femmes d'âge mûr, richement parées de leurs colliers-choux et de leurs anneaux créoles, brandissant toutes des drapeaux bleu-blanc-rouge, s'écriaient :

« *Dè Gôl sé nonm mwen ! Ha, mi mari mwen ka rivé jôdi-a, fout !* » (De Gaulle c'est mon homme ! Mon mari arrive aujourd'hui, foutre !)

Sur une immense estrade, placée juste à côté de la statue immaculée de Joséphine Bonaparte, des dignitaires blancs, mulâtres et noirs attendaient, rigides, compassés dans leurs costumes de laine. Soudain, une DS 19 noire fendit la foule dans une véritable crise d'hystérie. Le messie, debout droit dans le véhicule, une casquette à étoiles dorées surmontant sa haute stature, faisait des signes d'amitié à la foule. Il était beau. Il était grand. Il était fort. Il était blanc. Des négresses tombèrent, frappées du haut mal, à sa vue ; d'autres gigotaient sur le sol comme des prêtresses vaudou en transe en hurlant :

« *Nonm mwen rivé ! Nonm mwen rivé !* » (Mon homme est arrivé ! Mon homme est arrivé !)

Ton père, qui avait déjà ingurgité trois ou quatre punchs, se figea d'un seul coup. Une sueur luisante lui envahit l'entièreté de la figure. Il te hissa sur ses épaules bien qu'il n'eût point une forte constitution et te demanda de crier, avec la foule, te fourguant son drapeau :

« Vive de Gaulle ! Vive papa de Gaulle ! »

Quand le Grand Homme Blanc monta enfin sur l'estrade et que les dignitaires eurent fini de se livrer à des courbettes devant lui, il s'approcha longuement du micro et d'un geste impérial demanda à la foule de se taire. Ce qu'elle fit en un battement d'yeux. Un silence impressionnant couvrit la place de La Savane. Silence qui, dans ton plutôt vague souvenir, te semblait avoir duré plusieurs minutes. Puis, levant brusquement les deux bras au ciel, le général s'époumona :

« Mon Dieu ! Mon Dieu ! Que vous êtes français ! »

Il te sembla que les tamariniers centenaires de La Savane frémirent, que les milliers d'oriflammes qui décoraient l'endroit se mirent à claquer, que la terre elle-même gronda sous les pieds titubants de ton père. Un cri, un cri gigantesque, presque sauvage, un cri primal jaillit de cinquante mille poitrines :

« De Gau-lle ! De Gau-lle ! De Gau-lle ! »

Un sentiment d'intense fierté s'empara de toi. Une houle t'emportait en tous sens, ballottant ton père tantôt vers le Bord de Mer tantôt vers le bar

La Rotonde sur le toit duquel s'étaient juchées des quantités d'admirateurs du général. Hormis ceux qui se trouvaient au pied de l'estrade et qui pouvaient bien entendre son discours, personne ne l'écoutait plus. On chantait *La Marseillaise*, on dansait, on buvait du rhum à 55°, on s'embrassait ou se baillait moult accolades. Une joie totale, définitive, indéracinable. Ton père avait bien tenté de se rapprocher de l'estrade mais des escouades de gendarmes blancs veillaient, boucliers et matraques haut levés, à ce que la houle humaine ne la submergeât pas. De guerre lasse, il te déposa par terre et continua à trinquer avec tout un chacun jusqu'à ce que, saoul comme une sarde, il s'affaisse de tout son long et que les services de la Croix-Rouge l'évacuent, t'oubliant dans la frénésie ambiante. Tu t'es dirigé vers la gare de l'Asile où tu as pris l'autobus de Coridon. Heureusement, ce jour-là, les chauffeurs avaient décidé que le transport serait gratuit.

Or donc, le regard fixe de l'éclopé de la guerre d'Algérie te dérangeait. Tu faisais mine de te plonger dans ton livre, mais de savoir que ses yeux à moitié morts étaient rivés sur ta personne t'empêchait de te concentrer. Son délire patriotique, alimenté par les chopines de rhum dont il faisait une consommation à assommer un bœuf, avait commencé à t'indisposer à partir de la classe de première. Un de tes professeurs t'avait parlé d'un certain Frantz Fanon, psychiatre martiniquais qui avait déserté l'armée coloniale française pour rejoindre les rangs des révoltés algériens. Celui-ci

120

avait dénoncé les tortures et les crimes commis par les soldats français contre des populations villageoises innocentes. En classe de terminale, tu avais commencé à douter de ta francité et à prendre conscience qu'il y avait une culture martiniquaise digne d'intérêt. Seule l'image de Tertulien dansant au Select-Tango t'aidait à supporter ses propos racistes à l'égard des Arabes. Tu le voyais s'approcher de la table où se tenait Rosalia à mesure que s'annonçait le devant-jour et qu'une bonne moitié des bambocheurs avaient déjà regagné leurs pénates. Une femme se tenait lovée contre lui, ses cheveux bien défrisés lui arrivant au menton. Elle faisait presque du surplace, agitant de manière circulaire son bassin dans une sorte de parade nuptiale lubrique. À cette heure-là, l'orchestre ne jouait plus que des slows et chacun avait déniché une chacune qu'il embarquerait avant l'Angélus. Tertulien, sans doute un peu fatigué, se mouvait comme un automate, seuls ses yeux furetaient dans la pénombre à la recherche de Rosalia parmi le petit groupe de fortes femmes qui cuvaient leur bière sur un canapé. Alors, se dégageant de l'étreinte lascive de ses amies, elle se levait et à pas comptés se dirigeait vers le centre du dancing où elle se mettait à danser avec un partenaire imaginaire, les yeux mi-clos, les bras en croix sur sa poitrine. Son petit manège durait une bonne vingtaine de minutes jusqu'à ce que par un effet d'aimantation inexplicable Tertulien lâche sa partenaire et que Rosalia ouvre ses bras pour l'accueillir. Et là, ils se retrouvaient désormais seuls sur la piste de danse à finir la nuit, une partie de l'orchestre ayant déjà rangé ses instruments. Seul un saxophoniste et un joueur de maracas continuaient à entretenir l'ambiance du Select-Tango où il était de règle que la musique continuât à jouer tant qu'il restait un couple, voire un seul danseur, dans la salle. Juste avant les premiers feux du soleil, Tertulien embrassait sa dulcinée d'un soir sur le front et sortait d'un pas raide, se rendant directement au Marché aux légumes où il boirait de l'eau de coco après avoir avalé un dernier verre de rhum sec. Quant à Rosalia, redevenue subitement plus humble, elle aiderait ses commères les plus avachies à reprendre le chemin de leurs cases, en brocantant des petites blagues grivoises avec elles.

Rosalia t'avait tant et tellement parlé du Select-Tango que tu n'avais aucune peine à bâtir de tels scénarios dans ton esprit rendu particulièrement agile grâce à la lecture intensive de romans de toutes sortes. Tertulien avait donc été un bon soldat français et avait payé dans sa chair sa fidélité à la mère patrie. Une pension, sans doute confortable, l'aidait à supporter son état d'invalide mais, à l'évidence, elle ne parvenait pas tout à fait à calmer les rages intérieures qui l'agitaient dès qu'il avait dépassé la première chopine de rhum de la journée. Il ne décolérait pas contre ceux qu'il appelait, la voix lourde de mépris, les « fellouzes », c'est pourquoi une immense surprise t'assaillit la première fois où tu l'entendis protester en créole. D'ordinaire, il n'usait que du français qu'il mêlait d'expressions argotiques que tu entendais pour la première fois — fric, bagnole, gonzesse —, ne s'égarant brièvement dans le créole que pour lâcher une-deux injuriées bien senties. Or là, il abandonna la langue de Molière au profit de celle des vieux nègres et entreprit de vilipender la France, ce qui te stupéfia :

« Sé Blan-an ka pwan nou pou dé kouyon, lébann isalôp ki yo yé ! Yo konpwann nou ké rété ka sipôté yo jiktan lafen di monn rivé. Matinik sé pa Lafwans, fout ! Sa sé pawôl manti-mantè ki la, man ka di zôt ! » (Les Blancs nous prennent pour des couillons, les bandes de salauds ! Ils s'imaginent que nous leur apporterons notre soutien jusqu'à la fin du monde. La Martinique n'est pas la France, foutre ! Tout ça, c'est des foutaises, je vous dis !)

Rosalia, qui avait tout entendu, depuis le sous-sol où elle baillait du maïs aux poules, remonta en cinq sec jusqu'au balcon et, pour la première fois, se mit à apostropher le héros d'Algérie :

« Arrête de raconter des âneries, Tertulien ! La France t'a tout donné. L'instruction, un bon métier, des médailles, une pension. Qu'est-ce que tu veux encore ? Du poulet au riz peut-être ? Tu te prends pour un Béké ou quoi ? Non-non-non, ce n'est pas possible ! Il fallait que j'arrive à cinquante-sept ans pour t'entendre dire ça ! »

Tu avais vu, dans un flash, leur étreinte finale au Select-Tango. Profitant qu'ils étaient seuls sur la piste, que les ampoules électriques s'éteignaient au fur et à mesure que la nuit s'achevait et que les ultimes bambocheurs gisaient sur des banquettes dans un coin du dancing, certains carrément à même le sol, ils se déshabillèrent à moitié, elle le débraguettant d'un geste expert, lui faisant glisser sa culotte à ses chevilles et remontant sa robe jusqu'à la cambrure de ses fesses. Puis, de s'embrocher tous les deux tout en continuant à suivre le monter-descendre du saxo, étouffant de petits râles de plaisir, se griffant mutuellement les avant-bras, se mordillant les oreilles. Rosalia lui chantonnait à l'oreille une de ces fameuses romances en français :

Printemps, printemps, c'est toi
qu'on guette dans les bois
où les amants heureux
s'en iront deux par deux.
C'est toi qui feras se pâmer tendrement
celle que j'aime éperdument.
Printemps, j'attends pour la tenir dans mes bras
la complicité des lilas.

Quand refleuriront les lilas blancs,
on écoutera tous les serments.
Les femmes conquises
feront sous l'emprise
du printemps qui grise
des bêtises.
Quand refleuriront les lilas blancs,
on se redira tous les serments
car l'amour en fête
tournera les têtes
quand refleuriront les lilas blancs.

« Raphaël ! gueula-t-elle presque en te secouant les épaules, n'écoute pas les bêtiseries de ce monsieur-là, non. La France est notre manman à tous. On n'est pas des nègres anglais, hein ? On n'est pas des nègres espagnols, hein ? Ni des nègres hollandais, hein ? »

Ton père, quand il apprit la sortie de Tertulien contre la mère patrie, cessa de lui bailler son bonjour. Il vous répétait, à vous les enfants, lors des repas du soir, que la Martinique était française depuis trois siècles et demi, ce qui veut dire avant bien des provinces comme l'Alsace ou la Corse, et que nul ne parviendrait jamais à changer cela. Il accusait le parti d'Aimé Césaire d'être indépendantiste et reprochait au poète d'avoir bénéficié de la plus haute culture française et de la vouer aux gémonies aujourd'hui.

« Ce que Césaire veut, vous disait-il, c'est devenir un roi africain. Il veut commander à tout le monde et mener les nègres à la baguette comme son ami Senghor. Voilà tout !

— On ne veut pas de roi Makoko pour la Martinique ! » renchérissait ta mère.

Pourtant ton père, qui pouvait réciter de tête des passages entiers de *La légende des siècles* de Hugo, cachait une légère amertume envers la France où il s'était rendu à l'occasion de congés administratifs. Tu l'avais entendu raconter en créole à des amis une mésaventure qu'il n'eut de cesse de ressasser tout au long de sa vie. Il était entré dans un bar à Paris et avait commandé un gin, mais, au moment de payer, il s'aperçut qu'il avait oublié son portefeuille dans son appartement. Confus, il proposa au patron de lui laisser sa montre flambant neuve en gage, l'assurant qu'il serait de retour dans la demi-heure qui suivait. Lorsqu'il réapparut, le patron refusa de lui rendre sa montre et gueula à la cantonade qu'un « Marocain » était en train de l'emmerder, ce qui dirigea tous les regards vers ton père. De rage, ce dernier se saisit d'une chope de bière vide qu'il fracassa contre la vitre située derrière le comptoir, devant laquelle étaient rangées, sur des étagères également vitrées, des bouteilles d'alcool aux étiquettes chamarrées, avant de s'enfuir à grandes enjambées. Son amour de la France n'était donc pas dupe du sort qu'on y réservait aux basanés, fussent-ils français depuis des lustres.

À la même époque où l'adjudant-chef Tertulien se mit à renier ce qu'il avait adoré jusque-là (désormais, il ne revêtait plus son uniforme militaire, se contentant d'une vieille chemise en kaki), ton lycée entra en agitation sous l'impulsion de trois condisciples de ta classe de terminale : Jean-Paul, révolutionnaire et musicien émérite tout à la fois, Camille dit Clemenceau, du quartier Bord de Canal, un type d'un courage physique inouï, et Serge dit Groucho, un beau gosse noir de jais au regard de *latin lover* qui était le seul d'entre vous à lier les idées marxistes que vous inculquaient certains de vos professeurs avec la nécessité de défendre la langue et la culture créoles. Ces trois-là étaient membre de la Jeunesse communiste et faisaient régulièrement le coup de poing à l'entrée du lycée avec les petits-bourgeois aliénés de l'UJP (Union des Jeunes de Progrès), organisation gaulliste dont un certain Dédé était l'un des chefs. Petit bougre au profil de masque africain, Dédé, comme vous l'appeliez familièrement, parlait français et créole avec un accent marseillais à couper au couteau, ce qui l'exposait à recevoir des flèches acérées de la part des professeurs de gauche. Il n'en avait cure car il portait beau, il avait du panache et une maîtrise des subtilités du français proprement stupéfiante. Il est vrai qu'il était plus brillant à l'oral qu'à l'écrit, comme tu aurais l'occasion de t'en rendre compte plus tard, lorsque vous partiriez ensemble à Aix-en-Provence pour faire des études de Sciences Po.

Bousculé par Clemenceau, endoctriné par Jean-Paul et séduit par la parole charmeuse de Groucho, tu ne pouvais plus rester neutre. Choisir leur camp, celui de la contestation et du rejet de ce qu'ils appelaient le « colonialisme français », revenait à entrer en conflit ouvert avec ton père. Ce dernier se gardait pourtant de toute remarque négative ou de toute menace à ton égard, davantage par pudeur que par respect envers tes idées. Très tôt, vers l'âge de douze-treize ans, une barrière invisible s'était progressivement établie entre vous qui empêcha désormais toute marque ouverte d'affection. Il avait cessé de te considérer comme un petit garçon mais ne pouvait pas non plus t'accorder le statut d'ami. Toute communication directe était rompue entre vous et lorsque tu rentrais, le dimanche après-midi, du stade Serge Rouch où le Club

Colonial, ton équipe favorite, avait étrillé ses adversaires de toujours, le Golden Star et le Good Luck, tu ne répondais que par « Oui » ou par « C'est ça » à ses commentaires. Une espèce d'immense timidité te paralysait dès que tu tentais de formuler une phrase complète. Les mots pataient sur ta langue et finissaient dans un gargouillis d'où n'émergeaient que les mêmes acquiescements un peu niais. Cette situation te pesait beaucoup mais tu ne trouvais aucun moyen d'y échapper ni personne à qui te confier. Ton frère et tes sœurs te semblaient enfermés chacun dans sa chacunière. D'ailleurs, à cause d'une ridicule histoire de taie d'oreiller, tu devais rester fâché près de trois ans avec Miguel et, bien que partageant la même chambre, tu n'avais pas brocanté une seule parole avec lui durant tout ce temps-là.

Ton engagement aux côtés des chefs de file de la contestation se concrétisa par le biais du journal *La Bombe*, premier journal lycéen de toute l'histoire de la Martinique. Groucho t'avait demandé un « article culturel », sachant bien que tu n'étais guère au fait des luttes politiques et sociales qui secouaient le pays. Tu vivais dans ta bulle petite-bourgeoise, uniquement préoccupé de réussir au baccalauréat et de faire plaisir à ta mère, Amanthe, qui avait placé tous ses espoirs en toi. Tu ignorais que ce journal était financé par le Parti communiste martiniquais et imprimé par ses soins grâce à du matériel neuf fourni par la République démocratique allemande. Quand tu t'es retrouvé le 10 janvier 1969 au cœur des manifestations lycéennes qui mirent en émoi la ville de Fort-de-France et perturbèrent la visite d'un ministre français, il était trop tard pour reculer. Même si tu te tenais prudemment à l'écart des cortèges, tu avais pu admirer le courage de Jean-Paul et de Clemenceau face aux forces de police qui avaient ordre, de toute évidence, de casser le mouvement par tous les moyens. Le premier fut ainsi passé à tabac et devint le héros du lycée Schœlcher en ébullition. Clemenceau avait réussi à flanquer deux-trois cocktails molotov à la face des « gardes-caca » et Groucho à convaincre les autres établissements scolaires de se joindre à votre lutte. *La Bombe* paraissait chaque semaine, lisiblement imprimé, avec des articles de toutes sortes (les tiens se cantonnant toujours au domaine qu'on t'avait assigné au départ et qui te convenait à merveille). En fin d'année, les trois leaders organisèrent une petite réunion à laquelle ils te convièrent. Ils avaient décidé de partir en Europe de l'Est grâce à des bourses d'études offertes par ces pays. La prestigieuse université Patrice Lumumba de Moscou attirait Jean-Paul, l'Allemagne de l'Est avait les faveurs de Clemenceau et la Roumanie celles de Groucho. Quand ils se tournèrent vers toi, ils éclatèrent de rire devant l'intense stupéfaction qui devait se lire sur tes traits. Tu venais seulement de prendre conscience que leur choix découlait logiquement de tout l'activisme qu'ils avaient déployé au cours de l'année. Jamais ton père n'accepterait que tu ailles étudier dans un pays communiste ! Et puis, il y avait ce fameux problème d'équivalence des diplômes dont tu avais entendu parler. Beaucoup de diplômés de Patrice Lumumba n'avaient pas réussi à se caser et certains avaient même perdu la raison en retrouvant brutalement la société colonialo-capitaliste de la Martinique.

« Et toi, tu veux aller où ? » te demanda Jean-Paul en te tendant un document du Parti communiste martiniquais sur lequel était inscrite la liste des pays de l'Est qui offraient des bourses aux Antillais.

« En… en Yougoslavie… », avais-tu balbutié après une minute d'hésitation.

Ton choix était loin de toute considération idéologique : il te semblait que ce pays-là devait être le plus ensoleillé du bloc communiste à cause de sa longue façade adriatique. Mais le personnage de Tito ne te laissait pas indifférent non plus et tu te sentais déjà plus « non aligné » que « communiste ». Le soir même, tu ne pus dormir. Le problème te paraissait insurmontable : comment annoncer la nouvelle à tes parents ? Ton père ferait à coup sûr une attaque. Quant à ta mère, assez bondieuseuse, comment prendrait-elle ton choix d'aller vivre parmi des athées militants ? Ton insomnie devait durer tout le mois qui précéda le bac et tu en étais presque venu à souhaiter d'échouer à l'examen pour retarder l'échéance du départ à Belgrade. Or, par une sorte d'inexplicable que tu t'étais bien gardé de questionner, plus personne ne parla d'études en Europe de l'Est une fois le bâton de maréchal en poche. On s'affaira plutôt à faire des surprises-parties pour fêter l'événement et les grandes vacances dispersèrent toute votre bande. Quand l'autre camp, celui de Dédé et de Karl, te proposa de partir à Aix-en-Provence faire Sciences Po, c'est avec un soupir de soulagement que tu accueillis son offre. Tes parents furent, bien entendu, ravis. Ils n'en attendaient pas moins de toi.

Mais *La Bombe* avait instillé au plus secret de ta personne un doute, une faille : étais-tu bien français, comme l'affirmaient ton père et certains de tes professeurs ? La culture martiniquaise, en particulier la langue créole, comptait-elle vraiment pour rien ?

QUIMBOIS
À GRAND-ANSE

Sa rage — écume et scintillement mêlés sur le sable couleur d'anthracite — t'a toujours frappé d'une stupéfaction renouvelée. Dès la mi-juillet, quand la marmaille quittait l'En-Ville pour la Grand-Anse avec armes et bagages, ton premier geste, au débarqué de l'autobus, était d'accourir jusqu'à elle, à l'endroit où elle fait face à l'église au fronton sévère, pour voir si elle avait changé. Si du promontoire de La Crabière où le vent n'avait de cesse qu'il ne peignât les raisiniers-bord-de-mer jusqu'à la Pointe Séguineau et ses falaises abruptes, la mer de Grand-Anse ne s'était pas assagie. Et toujours tu la retrouvais dans sa démesure un peu moqueuse de grande dame qui étendait sa robe bleue comme pour réaffirmer à la face des hommes que son règne n'aurait jamais de fin. Elle t'accueillait avec une allégresse qui te gonflait d'une fierté sans nom, car comment expliquer autrement que tu te débarrassais sur-le-champ de tes souliers et que tu traversais la plage encombrée de détritus et de cocos secs pour ressentir sur ta

132

peau qui déjà frémissait sa lèche hystérique ? On t'engueulait :

« Chabin, retourne ici, tonnerre du sort ! »

On te qualifiait d'entêté. On te criait fou. Mais tu n'en avais cure. Tu avais signé un pacte secret avec la mer de Grand-Anse. Jamais tu ne la haïrais comme tous les gens d'ici qui s'appliquent à lui tourner le dos, à étouffer en eux son grondement séculaire, à clore avec des planches dix fois reclouées leurs fenêtres ou leurs portes qui auraient dû s'ouvrir de son côté. Le bourg de Grand-Anse regardait, en effet, son nombril et lui seul. Sa Rue-Devant où des camions en dérade, chargés plus que de raison de piles de cannes à sucre, déboulaient depuis l'extrême nord. De sa Rue-Derrière où des familles cossues ruminaient de très vieilles histoires d'héritage mal partagé ou d'incestes. Plus loin, l'intérieur des terres ne pouvait même pas se deviner à cause des mornes qui montaient une garde intraitable aux quatre coins du bourg. Grand-Anse du Lorrain : petite ville à l'ennui massif, implacable. Touffeur des journées interminables de la saison du carême, freidure grisailleuse de l'hivernage et ses cohortes de nuages en haillons.

Dès le lendemain matin, tu t'asseyais sur le rebord d'un muret qui faisait face à la boutique de Marraine Lily, attendant la venue de Ti Jean et d'autres petits bougres vagabonds qui savaient par on ne sait quel miracle que tu étais enfin arrivé. Ils se comportaient comme si tu n'avais jamais quitté Grand-Anse, comme si ta figure n'avait pas changé

133

et ta voix n'était pas devenue plus rauque. Ils s'écriaient, te baillant juste une chiquenaude sur la tête :

« *Ou paré, konpè ? Nou ka alé !* » (T'es prêt, mon gars ? On y va !)

Et tu leur emboîtais le pas, heureux de constater qu'en effet, le circuit habituel n'avait point été modifié. Votre drive quotidienne commençait toujours par une halte chez le boulanger, maître Alphonse, qui vous remettait des pains encore chauds à livrer contre de la menue monnaie ou des gâteries au chocolat ou à la confiture de coco dont vous vous délectiez là-même, Ti Jean veillant au partage équitable de votre butin. Le bougre ne s'étonnait même pas de votre présence. Simplement, il lançait d'une voix qui se voulait menaçante :

« Attention à vous avec la tête du pain, oui ! »

Mademoiselle Frédérique, une vieille fille mulâtresse, ne manquerait pas, comme à son habitude, de venir se plaindre au boulanger que vous lui aviez remis deux pains dépourvus de tête. Pourquoi était-ce là la partie la plus délectable du pain ? Vous ne le saviez pas. Mais devant sa porte toujours fermée à clef, quelle que fût l'heure du jour, Ti Jean vous faisait la leçon :

« Vous dites que le sachet est tombé par terre, les hommes ! »

Son chapelet en main, la dame entrouvrait sa porte et entamait aussitôt ses récriminations, réveillant une bande de chiens qui, d'avoir jappé toute la nuit, s'étaient affalés sur le trottoir où ils

134

n'oubliaient pas de déféquer. Elle vous accusait d'avoir cassé volontairement la tête de ses pains pour vous empiffrer comme si vous mouriez de faim alors qu'on n'était pas en Afrique ici-là tout de même. Personne n'avait le ventre vide et seule votre voracité vous avait poussés à commettre un tel forfait. Chacun prenait un air penaud, attendant que l'orage passe, et dès qu'elle s'était à nouveau claquemurée, vous repartiez d'un bon pied en braillant dans les rues encore vides :

« *Manzè Frédérik sé an vyéfi, Djab-la ki Djab-la pa jenmen wè tjilôt li !* » (Mademoiselle Frédérique est une vieille fille, même le Diable n'a jamais vu sa culotte !)

Les autres récipiendaires étaient moins exigeants. Parfois, ils vous offraient d'eux-mêmes les têtes de pain avec un sourire complice. Il n'y avait que Bogino, un nègre-Congo à la musculature impressionnante, à vous terroriser si l'aspect de son pain lui semblait peu appétissant. Quand la croûte était trop blême, il entrait dans une colère sans-manman et vous lançait le sachet au visage, vous menaçant avec le coutelas ou la barre à mine qu'il tenait en main. Nul, en effet, ne l'avait jamais vu bras ballants : Bogino était passé maître dans l'art de démonter les pneus des tracteurs et des camions et de les rustiner ; il savait réparer les caprices des frigidaires à pétrole ; il pouvait installer un écha-faudage en moins de temps que la culbute d'une puce et maçonner, scier, visser-dévisser, peinturer n'avaient pas de secrets pour lui. On faisait même appel à lui dans la commune de Marigot bien que les nègres de là-bas ne portassent guère ceux de Grand-Anse dans leur cœur parce que leurs majors s'étaient fait battre à diverses reprises par Tête-en-fer. Ce dernier se gourmait au combat de ladja depuis avant la guerre 14-18, et sa réputation avait atteint les rives de l'En-Ville où des imprudents lui lançaient des défis chaque Samedi-Gloria. Bogino et lui s'évitaient avec soin mais on n'avait pas souvenance que le moindre éclat de voix eût pété entre les deux fiers-à-bras. En réalité, ils s'étaient taillé chacun un territoire — à Bogino, le quartier de l'Abattoir et de Bord de Terrain, à Tête-en-Fer les alentours d'En Chênaux et de Vallon — qu'ils se gardaient de dérespecter. Le mitan du bourg demeurait terrain neutre à cause de la présence des policiers municipaux et des gendarmes blancs qui venaient s'initier, au bar de Man Ginette, à la meilleure façon d'avaler cul sec trois verres de rhum d'affilée.

Le major Bogino n'avait qu'un chagrin dans la vie : il n'avait mis au monde que des filles. Quatre avec sa concubine et une bonne demi-douzaine avec d'autres femmes de son fief (sans compter les autres enfants qu'il devait avoir semaillés dans les campagnes, ajoutait la rumeur publique). Aussi, en dépit de son ire matinale, finissait-il toujours par vous cajoler, vous les garçons turbulents de la bande à Ti Jean. Il attrapait ce dernier entre ses bras puissants et faisait mine de lui bailler un lever-fesser, prise mortelle à la lutte du damier. Il vous boxait dans les côtes en s'écriant :

« *Chaben, véyé kô'w ! Véyé kô'w, fout !* » (Chabin, mets-toi sur ta garde, foutre ! Veille à ta garde !)

À chacun, il offrait des *mawoulo*, ces grosses billes en acier qu'il extrayait des roulements à billes des camions, et traçait un triangle sur le sol à l'aide de son gros orteil pour vous défier. Ses lancements étaient à la fois infaillibles et mortels : il vous cassait vos belles agates rouges veinées de jaune, vous esquintait vos cocottes d'eau et vos canniques en terre cuite, déclenchant des sanglots chez les plus petits auxquels il fournissait immédiatement de quoi se réapprovisionner à la boutique de Marraine Lily.

« Ah, le jour où j'aurai un garçon, sachez, messieurs, que j'en ferai le plus grand champion de billes de la Martinique, oui ! »

Mais, année après année, invariablement, ses femmes le gratifiaient de « pisseuses-au-lit », comme il disait avec amertume, et l'on prétendait que si ses cheveux avaient blanchi d'un seul coup, c'était parce qu'il désespérait pouvoir s'assurer une descendance masculine. Tête-en-fer, lui, faisait de petits hommes-à-deux-graines et ne manquait jamais de le faire savoir à la cantonade chaque fois qu'il savait son vieux rival dans les parages. Poussant la cruauté à l'extrême, il menaçait :

« Que ceux qui ont des poulettes les attachent bien fort, les amis, parce que j'ai cinq mâles-nègres costauds là, ils risquent de faire des dégâts ! Ils seront pires que leur papa. »

Bogino faisait celui qui n'avait rien entendu mais on devinait qu'il en ressentait à chaque fois une vive blessure. L'une de ses femmes ayant eu un garçon avant de se mettre avec lui, il était logique que le bourg entier le soupçonnât de n'être pas capable d'enfanter autre chose que des femelles. Alors, il se résolut à faire appel au séancier de Séguineau, un nègre ladre qui vivait seul au mitan des halliers dans une sorte de parc à cochons dont il ne sortait que pour recevoir ses clients, cela à la tombée du jour, au pied d'un arbre inconnu, aux branches gigantesques sur lesquelles aucun oiseau ne se posait jamais. Votre bande s'aventurait le dimanche matin à épier les simagrées du manieur d'herbes maléfiques parce que Ti Jean vous avait assuré qu'il n'oserait pas s'en prendre à des enfants le jour du Seigneur.

« Même le Diable a peur du Bondieu, vous répétait votre chef. Allez voir les serviteurs du Diable ! »

Terrorisés quand même, vous rampiez à travers les hautes herbes et les lianes-gratelle où devaient gîter des serpents-fer-de-lance au venin sans remède, jusqu'à vous approcher à vingt pas de sa cahute. Vous étiez surpris de constater que le séancier y demeurait des heures entières sans faire le moindre bruit. Seule sa volaille caquetait dans la petite cour de terre battue parfaitement damée où il avait disposé tout un bataclan d'ustensiles et des récipients usagés. On prétendait qu'il allait les chaparder nuitamment au bourg, dans les demeures qui avaient des cuisines extérieures. Il y faisait bouillir des potions maléfiques qu'on lui achetait à prix d'or, même si personne à Grand-Anse n'aurait jamais osé avouer qu'il avait eu recours un jour aux services du quimboiseur.

« S'il est si dénanti, disait Marraine Lily, c'est parce qu'il rembourse le Diable. Avant l'époque de l'Amiral Robert, monsieur était riche comme Crésus, oui. Il possédait une belle maison en dur près de l'hôpital et un camion qui charroyait des sacs de ciment pour tous les chantiers du Nord. Et puis, subitement, il est tombé dans la dèche parce que son maître, Satan, lui a demandé paiement... »

Rien ne subsistait en tout cas de la gloire passée du séancier. Lorsqu'il émergeait de sa case, il faisait tellement peine à voir que notre appréhension s'évanouissait aussitôt. Ses membres ressemblaient à ceux d'un « cheval-bondieu », ce phasme à la démarche comique qui se cachait sous les apparences d'une brindille. Une maladie lui rongeait le corps, transformant ses doigts et ses orteils en des sortes de moignons effrayants. Le séancier avait la lèpre, affection qui avait pratiquement disparu depuis le mitan du siècle, et c'était bien là la preuve qu'il s'agissait d'une punition divine ou plutôt satanique. S'il avait vraiment le don de la divination, il savait à coup sûr que vous étiez accroupis dans la broussaille environnante à coquiller les yeux sur ses faits et gestes. Mais même quand l'un d'entre vous cassait une branche morte ou était en proie à une quinte de toux, il ne réagissait pas. Était-il sourd comme un pot ? Estimait-il que vous n'étiez qu'une ribambelle de petits animaux sans importance ? Vous brûliez d'en avoir le cœur net. Rassemblant tout son courage — qui n'était pas mince —, Ti Jean se décida un beau jour à aller le braver. Armé d'un vieux coutelas sans manche, votre chef avança jusqu'à la cour de terre battue et lui lança :

« Tu sais qui je suis, vieil homme ? »

Le quimboiseur ne lui accorda pas le moindre regard et continua à remplir une marmite-coco-nègre de tranches de fruit-à-pain. Il plaça avec dextérité des bûchettes entre les trois roches noirâtres du foyer et, au moment où vous vous attendiez à ce qu'il craque une allumette, il prononça une parole dans une langue rauque et souffla sur elles. Une flamme bleue se mit à lécher les bords du coco-nègre, ce qui fit Ti Jean battre en retraite à la seconde tandis que vous autres, vous bousculiez pour fuir l'endroit vitement-pressés. Deux semaines durant, vous aviez évité le quartier de Séguineau comme la peste. Puis, l'insouciance enfantine aidant, vous aviez repris votre espionnage de plus belle.

« Si toi, tu y vas cette fois-ci, te déclara Julien, un bougre de votre bande, il ne va rien te faire. Tu es un chabin et cette race-là, elle fait peur aux gens, oui. »

Pour gagner quelques galons parmi tes camarades, tu avais réussi à surmonter la peur panique qui s'était emparée de toi et tu t'étais approché de la cahute en marchant comme un crabe-c'est-ma-faute. Il allait te tuer ! Sûr et certain. Ou alors te volatiliser à l'aide d'une simple invocation. Ou pire encore te transformer en chien. Comme il l'avait fait pour Jean-André Lafferière, un enjôleur de jeunes filles en fleur qui avait subitement disparu de Grand-Anse sans laisser d'adresse et surtout sans emporter le moindre bien personnel. On avait trouvé sa maison grande ouverte, son lit fait au carré, sa vaisselle bien rangée, sa radio en marche, et personne n'avait osé toucher à quoi que ce soit. Des mois durant, la maison demeura dans cet état jusqu'à ce qu'un incendie inexpliqué la détruise en plein vendredi midi. Le lendemain du sinistre, le voisinage entendit un chien aboyer à la mort autour de l'endroit et, de ce jour, tous les ven-dredis soir, l'animal mystérieux — une créature de la taille d'un veau, assuraient certains — entreprit de donner son concert sinistre qui obligeait les gens à se barricader chez eux. L'explication vint vite :

« Le quimboiseur de Séguineau a transformé Jean-André Lafferière en chien ! C'est peut-être une femme que l'enjôleur a bafouée qui est à l'ori-gine de cette méchanceté-là, oui. »

Pourtant, le nègre ladre ne te lança aucun mau-vais sort. Il te fit signe de t'asseoir sur une souche d'arbre sculpté qui lui servait de siège, à l'entrée de sa case, et ne s'occupa plus de toi. Dans les halliers, tes camarades te soufflaient :

« *Afarèl, kouri ! Kouri, monchè, tjenbwazè-a ké vôlè'w ba Djab-la !* » (Raphaël, prends la fuite ! Prends la fuite, mon cher, le quimboiseur va te voler pour le Diable !)

Mais tu étais comme cloué sur place. Incapable de remuer tes jambes qui étaient devenues lourdes comme du plomb. Incapable de prononcer le moindre mot, ta langue pesant une tonne au moins. Le séancier continuait à vaquer à ses occupations sans s'occuper de toi. Sa basse-cour, composée pour l'essentiel de gros dindons aux bajoues démesurées, venait se goinfrer entre ses mains de banane verte pilée. Bien qu'on fût au début de l'après-midi, il faisait presque froid et l'on avait entendu, soudain, la mer se fracasser sur les falaises en contrebas du plateau de Séguineau. Tu avais senti tes poils se hérisser et ta peau se muer en chair de poule.

« *Ti bolonm, ou sé yich Salvi Odjisten kon sa yé a ?* (T'es le fils de Salvie Augustin ou quoi ?) finit-il par te demander sans te faire face.

— Non… je suis l'enfant d'A… d'Amanthe… sa… sœur…

— *Ou vini wè si man sé konpè Djab-la pou tout bon. Ha-Ha-Ha !* (T'es venu voir si je suis vraiment le compère du Diable. Ha-Ha-Ha !)

— Non… non… »

Le séancier se planta alors devant toi et tu devais découvrir avec effroi que le blanc de ses yeux avait presque mangé ses pupilles. Une immense tristesse se lisait sur sa figure dévorée par la lèpre. Il ne te sembla plus du tout si effrayant. Il se laissa choir sur le sol et, la tête entre les mains, s'appuyant sur ses genoux maigrelets, il se mit à raconter son histoire d'une seule traite. Tu n'avais pas vu le temps passer ni le soleil décliner au-dessus du bourg. Il était à la veille d'épouser une femme magnifique — une chabine de Morne-Rouge — lorsque son corps se mit à le gratter de partout. En deux jours, de vilaines taches blanc et rose avaient envahi son ventre et ses cuisses avant de se répandre sur le reste de ses membres. Il ne sortait plus que vêtu de chemises à manches longues dont il relevait le col, ce qui intriguait fort les nègres de Grand-Anse. Des femmes à la langue acérée l'accusèrent de faire l'intéressant, de se prendre pour un monsieur d'En-Ville parce qu'il allait, après des années de débauche, se caser avec une jeune fille de bonne famille.

« La jalousie, c'est ça qui tue le nègre, fit-il. Tout le monde était jaloux de moi, y compris les vieux-corps… »

Il était parvenu à dissimuler son mal jusqu'au matin de son mariage auquel la future belle-famille avait convié près de cent personnes. Après avoir revêtu son costume, il s'était retiré dans sa chambre pour prier comme le lui avait recommandé sa mère qui n'était plus de ce monde quand une brusque crise de gratelle s'empara de lui. En un battement d'yeux, les taches scélérates avaient gagné son visage, le défigurant à jamais. Lorsque l'heure de partir de l'église arriva, il fut bien obligé de sortir et là, un cri terrible l'accueillit : celui de sa dulcinée qui venait de s'évanouir sur le carrelage. Les parents de la jeune fille, pris de terreur, s'éparpillèrent au-dehors tandis que le bourg, rameuté par un curieux, avait commencé à se rassembler dans les parages, se tenant tout de même à distance respectueuse. Très vite, des roches se mirent à se fracasser sur sa maison, roulant avec un bruit de tonnerre sur son toit en tôle ondulée. On l'accusa d'être un démon. On le voua aux gémonies. On exigea son départ immédiat de Grand-Anse. On menaça de brûler sa maison.

« J'ai attendu qu'il fasse nuit et puis… je… je suis parti à Séguineau parce qu'il n'y avait personne qui habitait par là… », ajouta-t-il.

Son récit achevé, le quimboiseur te demanda de te retirer. Il devait recevoir des étrangers d'un instant à l'autre. Il précisa que, chaque fois que tu voudrais le voir, tu serais le bienvenu. Il y avait si longtemps qu'il n'avait parlé de lui à une oreille compatissante. Ses clients ne s'intéressaient qu'à ses pouvoirs magiques, pas à son funeste destin. De toute façon, il était désormais trop tard pour qu'il tente de se soigner à Fort-de-France comme il y avait songé au début de son calvaire. Il avait eu peur de monter dans l'autobus de maître Salvie Augustin, ton oncle, pour se rendre à l'Institut Pasteur. Peur qu'on lui refuse une place, peur qu'on le chasse, peur qu'on le tourne en bililique. Alors, il était resté à Séguineau et peut-être que c'était là la volonté de Dieu car, non !, il ne coquinait point avec le Diable. Son seul maître était le Bondieu chrétien et il refusait toutes les demandes de maléfices à l'égard d'autrui.

« Je ne fais que le bien, pas le mal ! » conclut-il en rentrant de son pas mal assuré dans sa cahute.

Tes copains s'étaient escampés depuis une charge de temps. Quand tu les retrouva, assis sur le muret qui faisait face à la boutique de Marraine Lily, l'air accablé, persuadés que le quimboiseur t'avait réservé un mauvais sort, ils s'écartèrent de toi avec respect. Dorénavant, tu serais leur chef à l'égal de Ti Jean, lequel avait le plus grand mal à cacher son dépit. Tu étais devenu fort, au sens créole du terme, c'est-à-dire protégé par quelque charme diabolique qui te rendait invulnérable. Aucun d'eux ne te demanda de raconter les détails de ta mésaventure. Ils se contentèrent du bref récit que tu leur en fis.

« *Nou pa wè ayen, nou pa tann ayen !* » (Nous n'avons rien vu ni rien entendu !) décréta Ti Jean qui tentait de reprendre le dessus.

Seulement, un beau matin, alors que tu étais en train de livrer le pain avec eux à Bogino, le bricoleur de génie, ce dernier te prit à part et te dit :

« Ti Jean m'a parlé… Tu es une grande personne à présent, tu peux me comprendre. Au fait quel âge as-tu ?

— Quatorze ans…

— À cet âge-là, je vivais déjà sur mon compte. Ma manman était devenue impotente et n'avait plus de quoi me nourrir… Bon, ce que je vais te demander, ça restera entre nous, d'accord ?

— Oui, monsieur… »

— Ne m'appelle pas monsieur, tu es grand, je te dis ! Appelle-moi Bogino !… Comme tu sais, je n'ai… je n'ai que des filles et je voudrais bien faire un petit garçon comme toi avant de fermer les yeux. Un homme qui ne fait pas un garçon, c'est comme s'il ne laissait aucune trace sur cette terre, tu comprends ?

— Je… je comprends…

— Le bougre de Séguineau, tu le connais à ce

que m'a dit Ti Jean... tu es devenu son compère, hein ? »

Tu étais abasourdi. Ce traître de Ti Jean avait vendu la mèche, il avait décontrôlé ses propres ordres ! On n'a rien vu ni rien entendu, avait-il déclaré, ce salopard. Tu étais furieux contre lui. Et si Marraine Lily venait à l'apprendre, quelle roustance elle te flanquerait ! Peut-être même qu'elle déciderait d'abréger tes vacances et de te renvoyer à tes parents à Fort-de-France en plein mois d'août. À cette seule perspective, tu avais presque envie de fondre en larmes. Plus de chasse aux tourterelles avec cette belle arbalète que tu avais si amoureusement taillée dans du bois de goyavier. Plus de cueillette des raisins-bord-de-mer au promontoire de La Crabière. Plus de matches de football sur le sable noir et brûlant de la plage de Grand-Anse. Plus de tours de manège de chevalbois pendant les trois dimanches de la fête patronale. La fin du paradis, quoi !

« Lui, il peut faire quelque chose pour moi..., continua Bogino. Il connaît certaines plantes, il est plus fort que le docteur Mélien qui a fait ses études à Bordeaux, oui. Je me suis tellement moqué de lui à l'époque où il avait raté son mariage que je ne peux pas aller le voir. Mais toi, tu peux discuter avec lui, tu peux lui expliquer ce que je veux... »

Bogino voulait que le quimboiseur l'aide à faire taire les méchantes rumeurs qui couraient sur son absence de virilité. Il voulait que celui-ci lui procure une décoction qui réveillerait dans ses génitoires le sperme qui fabrique des enfants de sexe

masculin. Rien de moins ! Tu ne pouvais pas lui
refuser ton aide. En plus, il proposait à l'ermite de
Séguineau deux cent mille francs en espèces, plus
du matériau neuf pour se construire une vraie
maison. Comment aurais-tu pu refuser d'inter-
céder en sa faveur auprès du séancier de Séguineau ? Le dimanche suivant, à l'insu de ta bande,
prétextant un de ces terribles maux de tête qui
s'abattait sur toi à n'importe quel moment et
qu'aucun cachet d'Aspro n'avait le pouvoir de sou-
lager, tu avais attendu que le match entre l'équipe
de Sous-Bois et la tienne commence, sur le pan de
plage qui se trouvait à l'en-bas de l'abattoir, pour
te rendre chez le nègre ladre. De temps à autre, tu
jetais un œil envieux à la plage et, à la vue de ton
cousin Richard occupant ton poste sacré de gardien de but, une sourde colère monta en toi. Il
était si lourdaud à ce poste, lui l'arrière central
tacleur et dégageur de la tête, qu'il permettrait à
ces demeurés de Sous-bois de vous marquer des
buts, pour une fois, peut-être même de gagner la
partie. Tu en avais voulu à ce pavaneur de Bogino
et son histoire de garçon qu'il désirait à tout prix
mettre au monde. Mais, à l'idée de la promesse
qu'il t'avait faite, celle de t'enseigner l'haltérophilie
pour te transformer en Steve Reeves — un acteur
qui incarnait les rôles d'Hercule et de Maciste —,
tu avais surmonté ta déception.

À ta grande surprise, le séancier ne fit aucune
difficulté pour accepter d'aider Bogino. S'il se
trouvait dans un tel état, c'était parce que Dieu
l'avait ainsi voulu et aucun nègre de Grand-Anse

n'avait aucune responsabilité là-dedans. Il leur avait pardonné depuis longtemps les rires et les quolibets dont ils l'avaient accablé le jour de son mariage raté car, s'il s'était trouvé dans leur position, lui aussi se serait gaussé des malheurs d'un bougre tel que lui qui avait toujours pris le monde de haut et qui affichait une si insolente richesse.

« Son argent, j'en ai pas besoin ! déclara-t-il. Qu'est-ce que je ferais avec, hein ? Construire une belle maison ? Mais j'en ai possédé une quinze ans durant du temps de mon jeune âge et tu vois, chabin, elle ne m'a pas apporté l'heureuseté, non... »

Et de se mettre à fredonner une romance en français que tu avais maintes fois entendue dans la bouche de Rosalia :

Au-delà des nuages,
nous irons tous les deux
en suivant le sillage
du soleil radieux.
C'est si bon le voyage !
Votre cœur paresseux
au-delà des nuages,
nous irons tous les deux.

J'inventerai une musique
pour vous bercer plus savamment
et j'y mettrai des mots magiques
parlant d'amour infiniment.
Si votre cœur, malgré ma tendresse,
demeure froid, longtemps, longtemps,

148

j'inventerai d'autres caresses
et des baisers plus affolants.

Tu avais arrangé un rendez-vous entre le bricoleur et le séancier peu de temps après, rendez-vous
auquel il ne te fut pas donné d'assister. Toujours
est-il que tu devinais que la transaction s'était fort
bien passée car Bogino se montrait d'une gentillesse sans égale envers ta bande. Il ne se plaignait
plus des têtes de pain que vous cassiez en route
pour vous régaler et vous offrait même gratuitement d'énormes chambres à air, moult fois rusti-
nées, sur lesquelles vous iriez braver les vagues
enragées de la mer de Grand-Anse. D'ordinaire, il
fallait vous contenter de minuscules chambres de
motocyclettes qui avaient le don de se dégonfler
dès que vous vous trouviez derrière la lame. L'une
d'elles avait d'ailleurs provoqué l'année d'avant la
noyade d'Éric, le fils aîné de Man Herminia,
laquelle était, depuis lors, inconsolable.

Quand le ventre de sa femme-concubine se mit
à enfler, Bogino parada à la Rue-Devant, arrêtant
chaque passant pour lui dire d'un ton matamo-
resque :

« Haa ! J'espère que tu seras là quand Marie-
Aimée accouchera, mon bougre. J'ai prévu une
bamboche du tonnerre de Dieu, oui. »

Il n'y avait pas besoin de plus amples explications : tout un chacun comprenait que, cette
fois-ci, l'enfant que le bricoleur talentueux avait
fait germer dans le ventre de sa première femme
serait un garçon, un petit mâle-à-deux-graines.

Un futur costaud qui prendrait la relève de son père. Évidemment, son rival, Tertulien, faisait grise mine. Radio-bois-patate insinua aussitôt que Bogino s'en était allé voir un quimboiseur haïtien à Fort-de-France et que, cette nation-là possédant des pouvoirs magiques hors du commun, on comprenait qu'il se sentît si-tellement sûr de son coup. D'autant que Marie-Aimée aussi arborait un air radieux. Elle disait à ses amies–ma-cocotte :

« Mon cinquième enfant sera un homme et j'espère qu'il va naître le 14 juillet, oui. »

Ceux qui avaient cette chance exceptionnelle de voir le jour à cette date-là étaient indistinctement baptisés du prénom de Fèt. Nat. selon la prescription du calendrier. On jurait dur comme fer qu'ils bénéficiaient d'une chance sans bornes dans la vie et qu'ils vivaient plus vieux que la moyenne. Tonton Lubin, le plus que centenaire du quartier Moreau, en était la preuve vivante. Si bien que le jour de l'accouchement, dans la nuit précédant la fête nationale, un grand attroupement se forma aux abords de la maison de Bogino. Il avait fait installer des tréteaux qui croulaient sous le poids de victuailles, de bouteilles de vermouth et de rhum. Des vieux nègres aux bouches édentées jouaient au bonneteau à même le trottoir. Des matrones défrisaient la chevelure de leurs filles en les chapitrant sur leur comportation de dévergondées, cela en pure perte car ces dernières échangeaient des clins d'œil complices entre elles tout en zieutant les beaux jeunes gens sur lesquels elles avaient jeté leur dévolu. Alors que Marraine Lily avait institué, de tout temps, le couvre-feu de six heures trente du soir pour tes cousins et toi, nul ne s'émouvait de ta présence devant chez Bogino. Le bourg entier de Grand-Anse était en émoi et personne ne parviendrait à dormir ni à la Rue-Devant ni à la Rue-Derrière. Des gens de Vallon, de Bord de Terrain, du quartier de l'Abattoir et même des proches campagnes comme Fond Gens-Libres avaient tenu à assister à cet événement extraordinaire.

« Bogino aura un garçon, oui, messieurs et dames ! » répétait-on ici et là, à haute voix, comme pour s'en convaincre soi-même.

Man Sossionise, la meilleure accoucheuse de la région, avait été requise, elle qui d'ordinaire n'officiait que pour les riches familles mulâtres et celles des Blancs créoles. Bien que noire comme hier soir, elle refusait de s'occuper des négresses, prétextant que ces dernières pouvaient accoucher debout, tout en continuant à travailler, et que, aussitôt le nouveau-né apparu, elles le propretaient, le langeaient avant de se remettre à balayer leur véranda ou à amarrer les paquets de canne à sucre comme si de rien n'était. À cette époque, tout le monde allait répétant :

« Les nègres ont de la race, oui ! Et leurs femmes, c'est des racines de bois-cassier. »

Heureusement que Man Sossionise avait daigné descendre de son piédestal car, à neuf heures passées, la concubine de Bogino n'avait toujours pas pu accoucher. Le bougre ne s'en inquiétait pas

outre mesure. Il paradait dans la foule en demandant, hilare :

« Tête-en-fer, où il est, hein ? Pas lui qui disait
que j'ai une bande molle ! Que je suis incapable de
faire un mâle-nègre ! Ha-Ha-Ha ! »

Il refusait tous les prénoms que lui proposaient
des maquerelleuses. Tous ces Hubert, Didier,
Lionel et consorts lui paraissaient des prénoms de
Blancs-France, pire, de macommères. Non ! Il
baillerait à son fils un vrai nom d'homme bien
debout dans sa culotte. Du genre Téramène, Hyp-
polite ou Hector. Ça, c'étaient des prénoms de
nègres, foutre ! Sa préférence allait toutefois à
Hector parce qu'il avait connu, dans son enfance à
l'Habitation Vivé, un maréchal-ferrant que tout le
monde respectait au motif qu'il avait de l'or entre les
mains. Même les Békés des lointaines communes de
Sainte-Marie ou de Macouba venaient faire ferrer
leurs chevaux chez lui. De temps à autre, Bogino te
prenait à part, loin de la lumière falote du poteau
électrique où la foule s'était agglutinée, et, te boxant
amicalement, il te chuchotait :

« Je l'aurais bien appelé Raphaël mais ta marraine, elle sera pas contente. Ha-Ha-Ha ! »

Minuit sonna sans que le fils du bricoleur dai-
gnât faire entendre ses premiers vagissements. Tu
t'étais assoupi sur une caisse de pommes de terre
vide qui se trouvait dans un angle de la courette de
Bogino. Des grandes personnes, lassées d'attendre,
rentraient chez elles par petits groupes afin d'éviter
de mauvaises rencontres : le cheval-trois-pattes qui
galopait comme un fou à la Rue-Devant ou bien

ce chien énorme qui jappait à la mort et qu'on assurait être la métamorphose de Jean-André Lafferière, l'enjôleur de jeunes filles vierges. Le devant-jour surprit la concubine de Bogino en train de pousser des hurlements de douleur. Son homme était le seul à ne point s'inquiéter :

« J'ai pris mon temps, bravachait-il, mais je vais faire un sacré bonhomme, je vous dis ! Il doit faire quatre kilos au moins, le bougre, pour que Man Sossionise ait tant de difficultés à le tirer dehors. Eh ben Bondieu ! »

Des bondieuseuses, qui revenaient de la messe de six heures, se mirent à prier pour Marie-Aimée. Si Bogino était dans le vrai, déclara l'une d'elles, c'est que la vie de Marie-Aimée était en danger, elle qui avait l'habitude d'engendrer des fifilles maigrelettes. À sept heures une minute, Man Sossionise jaillit sur le pas de la porte, l'air défait, les mains ensanglantées, et lâcha dans un souffle :

« Voilà ! C'est fait !... Elle... elle est là... »

Un vaste murmure de dépit parcourut la foule. Bogino eut l'air d'avoir été frappé par la foudre. Déjà, certains se bousculaient pour aller embrasser la cinquième fille du Michel Morin de Grand-Anse. C'est alors que celui-ci fut pris d'une transe effrayante : il se rua dans son arrière-cour, te bousculant au passage, se saisit de son coutelas trente-deux pouces, une arme redoutable qui provenait de Saint-Domingue, avant de se ruer vers le quartier Séguineau en hurlant :

« *Man ké'y dépotjolé'y, isalôp-la ! Man ké fann frisi'y, sakré mantè ki i yé !* » (Je vais le découper en petits morceaux ! Je vais lui fendre ses fressures, espèce de menteur qu'il est !)

En six-quatre-deux, les nègres de Grand-Anse saisirent le fin fond de l'affaire : Bogino avait placé tous ses espoirs dans quelque remède-hallier qu'il s'était procuré auprès du nègre ladre de Séguineau. On le plaignit de s'être appuyé sur une créature aussi dérisoire, capable certes de faire le mal mais tout-à-faitement incapable de faire le bien. Tu t'étais mis à le suivre au pas de course à la Rue-Devant où sa colère avait soulevé un formidable émoi. Il est vrai que la bave qui dégoulinait aux commissures de ses lèvres, les soubresauts de ses impressionnants pectoraux, la lame brillante de son coutelas lui baillaient un aspect tout bonnement ter-rifiant. Nul n'aurait été assez dérangé d'esprit pour tenter de ramener Bogino à la raison et une chabine d'âge mûr te happa par le bras en s'écriant :

« Où tu vas, toi ? Tu veux qu'il te découpe, toi aussi, hein ? »

C'est à l'instant fatidique où le bricoleur arrivait à l'orée de Séguineau qu'une manière de miracle se produisit. Tête-en-fer — lui-même, messieurs et dames et ce n'est pas un conte, non ! —, Tête-en-fer, le rival éternel de Bogino, t'avait presque rattrapé. Il portait une petite chose entre les bras, enveloppée dans du linge blanc rougi par le sang, et criait :

« *Bogino, rété'w ! Ou fè an dézyèm yich é sé an tibolonm ! Gadé, ou ké wè sé pa kouyonnad mwen ka di'w la-a !* » (Bogino, arrête-toi ! T'as fait un deuxième enfant et c'est un garçon ! Regarde, tu verras que je ne te raconte pas des couillonnades !)

Bogino s'arrêta net. Son coutelas flageola entre ses mains luisantes de sueur. Ses jambes fléchirent et certains le virent même tomber par terre avant de se dresser vivement. Tu avais le cœur qui chamadait à une vitesse démentielle à cause d'abord de tout ce course-courir matinal mais aussi parce que cette formidable nouvelle éviterait un drame. Tu avais trop d'affection à l'endroit du nègre ladre pour accepter le sort que lui promettait Bogino et tu te sentais un peu responsable de l'affaire. N'avais-tu pas été l'intercesseur entre les deux hommes ?

« Tu... tu as fait... des jimeaux... », balbutia en français Honoré dont c'était la toute première phrase de sa vie dans cette langue.

Plus tard, beaucoup plus tard, on se mit à le dérisionner sur son « jimeaux » et, au carnaval, une bande défila en braillant :

« *Way, mézanmi, mi Onoré ka palé fwansé jôdi-jou !* » (Ouaille, mes amis, voici qu'Honoré parle maintenant français !)

Bien que né huit minutes après sa sœur — au dire de Man Sossionise, la matrone —, Hector était un garçon costaud, aux yeux bien réveillés, qui piaillait à la face du soleil naissant. Bogino le prit entre ses bras, l'embrassa avec douceur sur le front, puis, entrevisageant son rival, il lui sourit et déclara :

« La guerre est finie entre nous, Tête-en-fer...

— Oui, elle est finie... »

Bogino redescendit d'un pas alerte vers le bourg, s'arrêtant à la devanture de chaque case pour faire admirer son premier rejeton mâle. Mais son attitude devait te surprendre : jamais plus il ne t'adressa de paroles gentilles ni même ne te parla. Sa promesse de t'initier à la pratique de l'haltérophilie fut oubliée. Désormais, il s'employa à t'ignorer. On aurait juré que jamais il ne t'avait sollicité pour obtenir un remède-guérit-tout de la part du nègre ladre de Séguineau. Tant d'indifférence, d'ingratitude même, te laissait pantois ! Et, bien entendu, Bogino savait pertinemment que tu ne pourrais pas te vanter d'être à l'origine de ce miracle. Il savait que Marraine Lily te tailladerait les fesses à coups de cravache-mahault si d'aventure elle en avait vent et que les petits copains de ta bande, à commencer par Ti Jean, ne te pardonneraient jamais de leur avoir fait une telle cachotterie.

Hector, le premier fils du bricoleur de Grand-Anse, mourut deux semaines plus tard. D'une coqueluche sévère qui tua cinq nouveau-nés dans la commune. Mais Bogino surmonta son chagrin, car il avait enfin prouvé au monde entier qu'il était capable de faire des garçons. Il recommencerait bientôt avec l'une ou l'autre de ses nombreuses femmes...

La belle amour

Il y avait une chabine à la peau couleur de crème de maïs qui fit battre ton cœur dès l'instant où tu l'aperçus qui empruntait l'étroit sentier séparant la maison de tes parents et celle du héros de la guerre d'Algérie. Longtemps, tu avais cherché à savoir son nom. Max, ton plus proche ami, ne connaissait que son prénom : Sylviane. Chaque matin et chaque soir, elle passait devant chez toi, vêtue d'un uniforme sévère — corsage blanc, jupe bleu foncé — qui pourtant lui seyait à merveille. Ses beaux cheveux noirs, très fournis et à demi crépus, étaient plaqués d'un seul côté, chose qui lui donnait un peu l'air de Sophia Loren, cette actrice italienne dont tu étais depuis toujours amoureux. Peu après, tu avais appris qu'elle était en classe de troisième au collège de Coridon. Ses parents devaient habiter quelque part sur la route de Redoute. Impossible pour toi de savoir où car ton frère, tes sœurs et toi-même meniez une vie plutôt recluse. Non pas que vos parents fussent particulièrement sévères, mais parce que, votre maison étant située à une croisée très fréquentée par des voitures conduites par des chauffards et des autobus encombrants, aucune aire de jeu n'était disponible dans les environs. Heureusement, tu disposais d'un vaste sous-sol où ton frère Miguel, Max et toi aviez le loisir d'épuiser votre trop-plein d'énergie adolescente dans d'interminables parties de football.

Sur ton balcon, tu la guettais qui rentrait de l'école sur les cinq heures de l'après-midi et, elle, s'étant rendu compte de ton manège, gardait la tête droite dans un mélange de hautaineté fémi-nine et d'indifférence. Elle semblait toujours ailleurs, lointaine en tout cas. Ses yeux, très noirs, brillaient d'une sorte de feu contenu et tu l'imagi-nais être une Sévillane ou, mieux, une Gitane. Il n'y avait aucun moyen pour toi de lui adresser la parole et, quand bien même tu te serais autorisé semblable audace, de quel sujet auraient bien pu s'entretenir la collégienne trop grande pour son âge, déjà sans doute en rupture de ban, et le lycéen studieux que tu étais ? Pourtant, l'attraction que tu éprouvais pour Sylviane ne relevait pas du fan-tasme. Elle te causait une étrange brûlure dans la poitrine dès que tu apercevais sa silhouette altière qui montait le raidillon de Coridon, te baillait la tremblade au moment où elle passait devant ta maison pour s'épuiser en mille petites échardes de douleur qui se dispersaient à travers ton corps, une fois que le mirage s'était évanoui. Que ces sensa-tions se reproduisissent quasiment à l'identique à chacune des occasions (trop rares à ton gré) qu'il

158

t'était donné d'observer l'élue de ton cœur t'était une source de perplexité et d'émerveillement. Était-ce donc cela l'amour ? Cette vibration incontrôlable qui te coupait soudain de tout le reste, c'est-à-dire de l'infernale circulation automobile, des soliloques de Tertulien, l'ancien combattant d'Algérie, du poste de radio de ton père grâce auquel il écoutait du jazz et même des romances de ta servante Rosalia. L'amour avait donc ce pouvoir obscur et prodigieux d'abolir le monde autour de soi.

Il te fallut bien te résigner à faire les premiers pas. Sylviane, qui, contrairement aux autres collégiennes, ne rentrait jamais à la maison en bande, Sylviane dont tu n'avais donc jamais entendu le son de la voix ni l'éclat du rire, ne réagirait point à ton attention passionnée. Or, voici que les jours et les mois filaient. Que janvier et ses sautes d'humeurs climatiques cédait déjà la place à la joie folle de février et de son carnaval. Tu assistais avec terreur à l'arrivée prochaine des grandes vacances, moment où tu quitterais l'En-Ville pour la commune de Grand-Anse, au nord du pays, loin de ta Sylviane vénérée, de sa peau de miel, de sa bouche charnue qui jurait très fort avec l'austérité de son maintien. Franchir le pas nécessitait un complice. Ce ne pouvait être ton frère cadet. Il avait déjà cette réserve étonnante, cette équanimité, héritage de ce sang chinois qui, sans doute, coulait davantage dans ses veines que dans les tiennes. Des différences phénotypiques de vos trois héritages tu tirais, d'ailleurs, d'abusives conclusions psychologiques : tu possédais, toi, la rage débordante des rouquins d'Europe ; ta sœur Chantal, la douceur chaleureuse des Indiennes-Coulies ; la dernière, Monique, la pétulance taquine des Sud-Américaines. Mais tu te gardais d'oublier que chez vous tous prédominait la force tranquille du nègre. Celle qui faisait Rosalia répéter sans cesse :

« Rien ne nous abattra si l'esclavage n'y est pas parvenu. Nous avons la musique, nous avons le chanter, nous avons le danser, c'est ça qui nous a toujours aidé à survivre, oui. »

À la croisée des routes de Coridon et de Redoute, presque en face de chez toi, il y avait une fontaine publique où se désaltéraient les grappes de collégiens bruyants qui déboulaient des quartiers limitrophes. Dans le temps, les familles dépourvues d'eau courante l'utilisaient, mais seulement à la nuit tombée pour ne pas donner l'impression d'être plus indigentes qu'elles ne l'étaient. Dès six heures et demie du soir, tout un aller-venir de seaux métalliques et de boîtes en fer-blanc animait l'endroit à la grande colère de ton père qui craignait que ne s'y fixe quelque « nid de voyous ». Il est vrai que des jeunes gens délurés, fiers de gagner deux francs-quatre sous, paradaient aux abords de la fontaine, juchés sur des mobylettes qu'ils astiquaient sans arrêt avec des chamoisines comme s'il se fût agi d'objets précieux. Ils en profitaient pour faire des coulées d'amour auprès des filles, prétextant les aider à hisser leur seau rempli d'eau à l'enhaut de leur tête. Éclaboussures, rires canailles, glinginding des récipients sur l'asphalte, injuriées en créole, pétarades des mobylettes emplissaient les lieux parfois jusqu'à fort tard dans la nuit. Quelques petits-bourgeois, dont tes parents, avaient bien adressé une pétition au maire pour qu'il mette un terme à cette « bacchanale », mais ta mère demeurait sceptique.

« Césaire ne défend que le peuple, il ne bougera pas le petit doigt, assurait-elle à ses amies. Nous, la classe moyenne, on est coincés dans un étau. D'un côté, il y a les gros Békés qui cachent leurs revenus et qui trichent, de l'autre, le peuple qui est soi-disant trop pauvre. Alors, nous, les fonctionnaires, on nous purge ! »

Par bonheur pour la tranquillité du quartier, tout un chacun en vint à disposer de l'eau courante et la fontaine, désertée, ne servait plus guère qu'à désaltérer les collégiens ruisselant de sueur. L'idée te vint de te poster là, sur le passage de Sylviane, et de feindre de discuter avec ceux qui jouaient dans la même équipe de football que toi sur le terrain de Coridon. Ta manœuvre n'obtint pas le succès escompté. La chabine ne prit pas ta hauteur. Elle contournait la fontaine dès que tu te trouvais là, ne prêtant même pas attention aux propos que tu échangeais, à voix exagérément haute, avec tes camarades. Le plus extraordinaire était qu'elle ne pressait nullement le pas, qu'aucun début de commencement d'émotion ne semblait l'affecter. Sylviane ne te voyait tout simplement pas. Tu étais transparent ! Pourtant, un chabin blême comme le devant-jour tel que toi, au visage tiqueté de taches de rousseur, aux cheveux roux et crépus, ça ne pouvait tout de même pas passer inaperçu. Tu étais bien le seul de ton espèce dans le quartier. Et puis d'autres filles te dévisageaient, tantôt timides comme des mangoustes tantôt goguenardes. Des effrontées te lançaient même :

« Yé chaben, sa ou ka fè la ? » (Ho là, le chabin, qu'est-ce que tu fais là ?)

Mais tu n'avais d'yeux que pour Sylviane. Ton cœur ne chamadait qu'à l'instant où sa solide stature se dessinait dans le dernier tournant de la route de Coridon. De près, elle te parut bien plus âgée et plus grande de taille que tu ne l'avais imaginé. Sans doute redoublait-elle sa troisième. Était-ce la raison de cet air maussade qu'elle arborait le plus souvent ? Il te fallut employer les grands moyens, ceux auxquels tu avais toujours répugné, à savoir l'aide d'un autre garçon. Tu savais que c'était là prendre un risque énorme : le bougre pouvait parfaitement vendre la mèche autour de lui et tu deviendrais vite la risée de tous ces garnements qui saisissaient la moindre peccadille pour en faire un sujet de vacarme. Tu n'avais jamais compris pourquoi ils aimaient tous crier, hurler, se bagarrer par jeu à coups de cartable, lancer des roches contre des boîtes vides quand ils rentraient de l'école. Comme s'ils voulaient se défouler de quelque oppression qu'ils avaient subie au cours de la journée. Quant à toi, il te suffisait de te plonger dans la lecture d'un roman pour que s'effacent dans ton esprit tes mauvaises notes ou le bla-bla-bla sermonneur de votre professeur de latin. Tu étais suffisamment méchant pour qu'ils te fassent, ces collégiens, l'effet de ces singes hurleurs que tu découvrais à travers les aventures de Bob Morane, le héros d'une série de livres d'aventures écrits par un certain Henri Vernes, que tu dévorais à la chaîne.

Jojo, dit Jojo-douze-doigts parce que la nature l'avait affublé d'un deuxième annulaire, te sembla le plus fiable ou plutôt le moins infiable pour la mission que tu étais en train de mijoter. Toujours sur le qui-vive à cause des railleries que lui procurait son « infirmité », il était le préposé rêvé à toutes les tâches jugées insignifiantes ou dégradantes. Sur le terrain de foot, il n'était jamais sollicité pour participer au jeu mais devait se tenir prêt à courir à la recherche du ballon lorsque ce dernier s'envolait dans les halliers ou la ravine toute proche. À la mi-temps, il avait la charge d'aller acheter des sodas ou des *frozen* à la boutique du quartier distante d'une bonne centaine de mètres de là et se faisait engueuler lorsqu'il ramenait des parfums qui ne convenaient pas aux joueurs. Cette attitude avait un nom en créole : la profitation. Vous profitiez tous de la faiblesse de Jojo et de son douzième doigt maléfique pour le transformer en ramasseur de balles, en commissionnaire, en guetteur lorsque votre bande allait voler des mangues-julie dans la savane de madame Dolin, en porteur de sac ou de sachet, tout en sachant bien qu'un jour que vous souhaitiez le plus lointain possible, il se révolterait, vous jetant à vos faces boutonneuses :

« Je ne suis plus votre nègre, foutre ! »

Mais Jojo-douze-doigts semblait s'accommoder de son sort comme s'il avait trouvé là le moyen de justifier sa mesquine existence. Il ne fit aucune difficulté à te servir d'intermédiaire dans ta tentative d'approche de la belle Sylviane.

Tu avais pesé deux jours durant le contenu de ta missive amoureuse. La relecture de quelques passages de *Madame Bovary* t'avait aidé à trouver le ton pudique mais passionné que tu tenais à imprimer à tes phrases. Tu avais examiné chaque mot, mesuré leur pesant d'or, imaginant par avance l'effet qu'ils ne manqueraient d'avoir sur ta dulcinée. À la vérité, ta prose te semblait compassée et tu étais stupéfait de l'incapacité des mots à traduire la profondeur de ton sentiment. Dix fois tu avais écrit ta flamme à Sylviane, raturant un mot ici, changeant là un pan de phrase, sans jamais être pleinement satisfait du résultat. Tu faisais pour la première fois l'expérience de ce grand vide qui sépare la sensibilité humaine du pauvre, du médiocre outil dont Dieu ou la nature l'avait doté pour pouvoir l'exprimer : le langage. Du coup, tu en étais venu à douter de la véracité de ces personnages de roman qui hantaient si intensément ton imaginaire. Peut-être les sentiments qu'ils affichaient avec tant de conviction n'étaient-ils que les purs produits d'un travail d'illusionniste, celui des romanciers. Jusque-là, madame Bovary ou Fabrice del Dongo, de même que les personnages de Moravia, étaient pour toi des créatures humaines, des êtres de chair et de sang, plus vrais, plus vivants que bon nombre de gens que tu croisais tous les jours. Ils t'étaient en tout cas beaucoup plus proches que Tertulien et ses délires guerriers, que monsieur Lapierre, ton professeur de latin, ou Bogino, le bricoleur talentueux de Grand-Anse qui avait si honteusement abusé de ta gentillesse. Ils étaient les fidèles compagnons de ta jeune existence, ceux qui jamais ne te décevaient et dont tu partageais les joies et les peines comme si elles étaient les tiennes. Un simple petit mot d'amour venait donc de détruire des années d'absolue confiance en la littérature !

Ta lettre définitive avait pourtant un air d'innocence (grandiloquente) et de gratuité tout à la fois :

Très chère Sylviane,

Tout ce qui va suivre est traduit du silence. Il n'existe, en effet, pas de mots pour exprimer l'exaltation qui s'empare de moi à ta seule vue. Le ciel devient soudain plus grand, la lumière plus intense. L'air se charge de grandes pulsations qui m'enveloppent et m'emportent dans une région inconnue de mon âme. Tu arrives. Tu marches sur l'asphalte noir qui luit de mirages et d'ombres furtives. Tu es là. Toi.

Comment te faire un signe ? Quelle magie dois-je déployer pour que tes yeux daignent se poser sur ma personne ? Je ne le sais point. Alors, mes jours et mes nuits sont pétris de muette souffrance. Je t'emporte dans mes rêves mais tu demeures lointaine, inaccessible, tellement inaccessible qu'il m'arrive de me réveiller en sursaut et de maudire la noirceur de la nuit qui s'éternise.

Je t'attends et mon attente est douleur muette.

CELUI QUI TE REGARDE

À quel moment Jojo-douze-doigts remit-il ta missive à Sylviane ? Comment avait-il réussi à l'aborder ? Il ne voulut pas te le révéler. Il t'avait rendu un fier service et tu devais t'en contenter. La suite ne relevait pas de sa responsabilité. Au bout de quatre longs jours, tu en étais venu à douter que le galopin eût vraiment accompli la mission que tu lui avais confiée.

Sylviane résista presque deux semaines. Durant tout ce temps, tu étais partagé entre la colère et le désespoir. Pour qui se prenait-elle, cette chabine aux traits finalement assez épais ? Et sa croupière, avait-elle conscience que même un dromadaire la lui envierait ? Tu fronçais les sourcils depuis ton balcon quand elle passait ou bien tu lui tournais brusquement le dos. Elle ne se départissait pas de son air impavide. Alors tu sentais naître en toi une sorte de gouffre au bord duquel il te fallait développer des efforts incommensurables pour ne pas sombrer. Tes plats préférés perdaient leur saveur sous ton palais soudain asséché et tu ne parvenais même plus à trouver refuge dans quelque roman, ton réconfort habituel dès qu'un problème, en apparence insoluble, entravait le cours de ton existence.

« Toi, tu es amoureux, mon bougre ! » te lança, péremptoire, Rosalia en balayant le balcon pour la énième fois de la journée.

Son sixième sens était rarement pris en défaut, surtout en matière de sentiments. Ainsi prévoyait-elle les colères subites de ton père et s'empressait-elle de prévenir ta mère qui était, heureusement, un modèle de stoïcisme. Son remède-guérit-tout contre les soubresauts de l'âme consistait à pousser la romance de sa voix puissante aux accents légèrement égrillards (« canailles », ronchonnait ton père qui appréciait peu ses vocalises). Dans le cas présent, la chanson *Zafè kô Ida !* (Tant pis pour Ida !) était celle qui convenait le mieux. Elle ne se priva pas de se gausser de ta détresse en virevoltant avec son balai entre les chaises en plastique et les cartons de jouets et de vieux journaux qui encombraient cette partie du balcon d'où tu apercevais la route de Coridon.

Zafè kô Ida !... Zafè kô manman Ida !
Zafè kô Ida !... Zafè kô manman Ida !
Manman Ida mété'y lékôl
pou i apwann A-B-C-D
An arivan dan lékôl-la
mètlékôl-la pété lonba Ida
Zafè kô Ida !... Zafè kô manman Ida !
Zafè kô Ida !... Zafè kô manman Ida !

(Tant pis pour Ida !... Tant pis pour la mère d'Ida !
Tant pis pour Ida !... Tant pis pour la mère d'Ida !
La mère d'Ida l'a mise à l'école
pour qu'elle apprenne l'alphabet
En arrivant à l'école,
le maître d'école lui a défoncé la chagatte

167

Tant pis pour Ida !... Tant pis pour la mère
d'Ida !

Tant pis pour Ida !... Tant pis pour la mère
d'Ida !)

Tu commençais à te faire une raison lorsque, un
après-midi, Sylviane s'arrêta dans la ruelle qui
séparait la case de Tertulien de ta maison. Ce rac-
courci se terminait par un petit escalier qui permettait d'accéder à la route principale mais n'était
guère emprunté que par les galopins de sixième ou
de cinquième, lesquels prenaient un malin plaisir à
affronter à coups de roches ou de noyaux de
mangues les chiens créoles, fort nombreux, qui
montaient une garde, pourtant nonchalante, à la
devanture des cases. Les filles évitaient l'endroit
comme la peste de crainte que quelque garçon
vicieux ne leur glisse les mains sous les jupes ou ne
leur pichonne la pointe des seins. Sylviane, qui les
dépassait déjà de deux bonnes têtes, ne risquait pas
ce genre de mésaventure. Elle te sourit et l'aligne-
ment parfait de ses dents te statufia. Son uniforme
trop serré mettait en valeur son corps de femme
qui avait poussé plus vite que son âge. À seize ans,
elle en paraissait une vingtaine et semblait en
éprouver une vive fierté.

« J'ai reçu ta lettre, te fit-elle d'une voix allègre.
Tu écris bien... »

Tertulien, vêtu de son uniforme d'adjudant,
s'avança en titubant dans sa minuscule cour de
terre battue, claudiqua un instant sur sa béquille et
observa Sylviane bouche bée. Ce que voyant la

jeune fille s'escampa avant que tu n'aies eu le temps de lui répondre quoi que ce soit. Une haine monstrueuse envers le héros de la guerre d'Algérie monta en toi. Une envie de te ruer jusqu'à sa cahute en tôle ondulée et de flanquer l'abruti par terre. De lui cracher au visage. De le rouer de coups de pied. Une envie de meurtre, oui !

« *I… I ké viré…* » (Elle… Elle reviendra…), te fit-il, devinant sans doute l'émoi qui t'étreignait.

Sa prédiction ne devait jamais se réaliser. Sylviane quitta l'école au mois d'avril et disparut net du paysage. Aux questions pressantes que tu posais aux collégiens, certains te rétorquaient en ricanant qu'elle avait dû tomber enceinte ; d'autres que sa mère lui avait trouvé un job dans une boutique du centre-ville. La plupart haussaient les épaules :

« Sylviane ? Quelle Sylviane ? lâchaient-ils, distraits, y'en a plusieurs ! »

Le temps passant, ta blessure se referma. Tes camarades de football contribuèrent grandement à ta guérison en te promettant un grand avenir au poste de gardien de but. Ils avaient aussi une approche moins romantique de l'amour. Cécile, la petite bonne de madame Dolin, la personne la plus aisée du quartier de Coridon, se chargeait de les éveiller au bonheur charnel. Elle les recevait par groupes de cinq ou six dans l'espèce de cagibi excentré que lui avait alloué sa patronne, au fond d'une savane plantée en manguiers centenaires et en arbres-à-pain. Sans doute était-elle un peu sosotte car elle ne cessait de pouffer de rire en ouvrant sa porte à chacun d'eux qu'elle ne gardait pas plus de cinq minutes dans sa chambre encombrée de poupées blanches, d'éventails multicolores, de bibelots en porcelaine et de verres qui portaient l'effigie de grandes marques de rhum. L'endroit puait le Plomploum, un parfum bon marché plutôt agressif, dont raffolaient les servantes et les femmes du peuple. Son lit était un canapé, recouvert d'une couverture piquée rouge sang, qui occupait une bonne moitié du cagibi. Quand ce fut ton tour d'accéder à sa chair plantureuse, tu avais fermé les yeux, concentrant très fort tes pensées afin de recréer l'image de Sylviane, et ton plaisir n'en fut que plus inouï. Cécile était une experte en dépucelage. Elle se montrait très douce, très attentive. Une fois l'affaire achevée, elle te tapotait les joues, te répétant toujours la même recommandation.

« Tu ne vas pas raconter ça partout, hein ? Sans quoi c'est fini pour toi ! Et puis ne tombe pas amoureux de moi, mon petit bonhomme ! Mon cœur est déjà pris, tu comprends ? »

Ton imagination aidant, tu avais fini par confondre en une seule et même créature la chabine Sylviane, l'éphémère passion de tes dix-sept ans, et Cécile, la négresse au teint d'obsidienne qui t'enseigna les premiers gestes de l'acte d'amour. Toutes deux devinrent pour toi Nana. L'irrésistible Nana d'Émile Zola…

Douce hypnose

Tu attendais avec une impatience grandissante la fin des cours, surtout s'il s'agissait des mathématiques ou de la musique, pressé de retrouver le roman que tu avais commencé quelques jours auparavant. Tout le jour, ses personnages, le déroulé de son intrigue n'avaient cessé d'occuper le moindre espace libre parmi tes pensées. Parfois, tu dérivais sans même y prendre garde, la voix du professeur se muant en un bruit de fond rassurant, et tu te retrouvais comme par enchantement au cœur de l'histoire, imaginant sa suite, inventant de probables destinées à ses personnages, t'émouvant de telle description de scène amoureuse ou de tel dialogue particulièrement bien venu. À cinq heures, tu étais l'un des premiers à dévaler les marches du lycée Schœlcher et à te ruer à la porte principale, priant très fort pour que la Fiat vert bouteille de ton père soit garée dans les parages. Il venait toujours te chercher à l'improviste, quand son humeur n'était pas à l'orage. Tu t'engouffrais alors sur le siège arrière, marmonnant un « je suis là, oui ! », avant de te renfrogner dans ton for intérieur. À ses questions — « Tu as eu quelle note à ta version latine ? Le prof d'espagnol est encore absent ? » — tu répondais par des monosyllabes qui avaient le don de lui faire coudre la bouche. Les embouteillages, fréquents à cette heure de la journée, surtout près du lycée de jeunes filles où vous alliez chercher ta sœur Chantal, te faisaient trépigner de rage. Tu avais hâte de réintégrer l'univers magique de ton roman, sa douce chaleur, l'infinie rêverie que ses pages déclenchait en toi. Dès la deuxième ligne, une sorte d'engourdissement profond s'emparait de toi et tu n'entendais plus le chanter de Rosalia à la cuisine. La télévision, en noir et blanc, avait cessé de te fasciner, hormis le samedi soir, à sept heures, moment où elle diffusait *Les incorruptibles* avec le formidable Eliot Ness, champion de la lutte contre la mafia new-yorkaise. Il est vrai qu'à cette époque, il n'y avait que trois heures d'émission par jour durant la semaine, juste au moment où les enfants regagnaient le domicile familial et où on les obligeait à faire leurs devoirs. Tu t'installais à ta table de travail, planche rabattable astucieusement fixée au mur par ton père, et tu y posais cahiers, manuels et dictionnaires pour donner le sentiment d'une intense activité intellectuelle mais, au mitan du Lagarde et Michard ou du livre d'histoire de France, se tenaient cachés un roman d'Alberto Moravia ou d'Henri Troyat.

Écrire demeurait pour toi un pur mystère. T'intriguait très fort la toute première phrase des romans. Comment l'auteur s'y prenait-il pour la trouver ? La choisissait-il par hasard ou obéissait-elle à quelque impératif émanant de son inspiration ? Ces questions te taraudaient tellement qu'à chaque fois que tu entreprenais de continuer la lecture d'un livre, avant d'aller à la page que tu avais cornée, tu relisais lentement, avec une délectation sourde, la première phrase du texte. Puis tu parcourais au pas de charge ou en diagonale les pages déjà lues avant de reprendre ton souffle et d'entamer la suite. Tu voulais faire durer le plaisir par tous les moyens. Tu craignais de ne plus retrouver l'enchantement qui t'avait saisi au cours de la lecture et, quand cette mésaventure se produisait, tu étais soudain très malheureux. Tu commençais à t'en vouloir à toi-même. Le fil magique s'était brisé parce que, la veille, tu n'avais pas ouvert le livre, quand bien même tu avais d'excellentes raisons pour avoir agi ainsi : surcharge de devoirs, mal de tête, cours de soutien en mathématiques donné par ton père au sous-sol. Ce dernier y avait, en effet, installé un tableau de sa fabrication ainsi qu'une pile de fines palettes provenant de caisses de pommes de terre qu'il se procurait au magasin de demi-gros de sa mère. Plus souvent que rarement, il vous convoquait à tour de rôle, vous les enfants, pour réviser sinus et cosinus, abscisses et ordonnées ou pour résoudre une équation vicieuse qu'il extrayait d'une revue pour professeurs de cette discipline. Quand ton tour arrivait, deux piles de palettes encadraient bientôt le tableau : les fraîchement apportées à gauche ; celles que ton père cassait en deux en te frappant sur les fesses lorsque tu étais incapable de voir la lumière dans tous ces x, y et pi.

La lecture était tout naturellement ton refuge. Là, l'ire de ton père ne pouvait te poursuivre. Tu étais libre de vagabonder à ta guise, de faire de nouvelles connaissances (certains personnages devenant quasiment tes amis personnels), d'entrevoir de nouvelles contrées, de découvrir des images ou des formules qui te stupéfiaient. Longtemps, *Le nœud de vipères* de François Mauriac occupa tes soirées parce que le narrateur faisait dès le début du roman une déclaration qui te laissa pantois :

« Quelle est cette fièvre d'écrire qui me prend, aujourd'hui, anniversaire de ma naissance ? J'entre dans ma soixante-huitième année et je suis seul à le savoir. »

Cet âge te semblait si lointain, il impliquait aussi à tes yeux un tel détachement des contingences terrestres que tu avais du mal à t'imaginer qu'un auteur pût y débuter son œuvre. En ce début des années 70, la soixantaine était le début de la vieillesse, ce qui signifiait selon toi l'entrée dans un monde contemplatif. Ta grand-mère Yise, qui vivait à l'étage de la boutique de Marraine Lily, à Grand-Anse, en était l'exemple parfait. Sans qu'elle fût le moins du monde atteinte de sénilité, elle ne descendait plus faire causette avec les clients ni ne s'accoudait à la fenêtre pour regarder les mariages ou les enterrements, seuls événements dignes d'intérêt dans le bourg en dehors du carnaval et des trois dimanches de fête patronale en août. Très tôt, vers trois heures du matin, elle faisait sa toilette dans la minuscule salle d'eau tout en récitant ses prières, insoucieuse de réveiller la maisonnée, avant de s'installer dans sa berceuse d'où elle ne sortirait qu'à l'heure où les poules allaient se coucher. Toute la journée, elle souriait avec une douceur étrange, attrapant au vol telle ou telle marmaille pour la couvrir de baisers ou lui murmurer une parole gentille à l'oreille. Man Yise semblait fixer un point invisible droit devant elle, sur la cloison de sa chambre que l'on avait décorée avec une reproduction de *L'angélus* de Millet. Elle était parfaitement sereine, parfois ses amies d'enfance venaient lui rendre visite et tu l'entendais deviser au sujet du bon vieux temps avec une indiscutable clairté d'esprit. Souvent, les visiteurs, en redescendant à la boutique, taquinaient Marraine Lily qui s'affairait au comptoir :

« *Manman'w djôk toujou, ébé Bondyé ! I pa ka bliyé ayen, non.* (Ta mère est encore vigoureuse, sacré nom de Dieu ! Elle n'oublie rien.)

— *Tjip ! Vyé fanm-lan ka dékoud, ou pa ka wè sa !* » (Pff ! La vieille divague, tu ne le vois donc pas ?) rétorquait Marraine Lily qui n'avait pitié de personne parce qu'elle avait été, sa vie durant, implacable avec sa propre personne.

La sérénité du grand âge te paraissait incompatible avec cette fièvre qui s'emparait de toi quand tu te mettais à écrire. Plus rien n'existait autour de toi à ces moments-là. Ta main courait sur le papier avec un ballant inarrêtable qui te faisait négliger les accents aigus et graves mais, ô extraordinaire, jamais les circonflexes. Tu y voyais une sorte de connivence avec la réalité qu'exprimait le mot qui en était affublé : autant « cheval » te donnait l'impression d'être détaché de l'animal qu'il désignait, autant le « ê » de « forêt » évoquait aussitôt la voûte des grands arbres et d'ailleurs le mot « voûte » lui-même représentait un magnifique exemple de cette impression bizarre que tu ressentais. Jusque-là, l'hypnose que provoquait chez toi la lecture te procurait un bien-être supérieur à celui de l'écriture. Cette dernière était, en effet, à la merci d'un tarissement subit de ton imagination ou tout bêtement d'une panne de ta pointe bic. Dans ces cas-là, l'enchantement était rompu sur-le-champ alors que, dès que tu étais plongé dans un livre, rien, sauf une improbable coupure d'électricité, n'avait le pouvoir de t'ôter de ton cocon. C'était l'unique moment de ton existence au cours duquel aucune romance de Rosalia, qu'elle fût en créole ou en français, ne surgissait à ton esprit. Même au cinéma, il t'était arrivé, pendant un bref instant d'inattention ou par association d'idées, d'entendre la voix éraillée de ta servante dans ta tête. Par contre, l'espace-temps de la lecture était, chez toi, totalement inviolable.

Tu étais au théâtre des Variétés avec Fauchery et La Faloise pour assister au triomphe de Nana. « Alors, sans s'inquiéter, écrivait Zola, elle donna un coup de hanche qui dessina une rondeur sous la mince tunique, tandis que, la taille pliée, la gorge renversée, elle tendait les bras. » Tu étais fasciné par l'espèce d'animalité qui se dégageait de sa personne : « sa nuque où des cheveux roux mettaient comme une toison de bête » ; « c'était son succès de la veille qui continuait, cette meute d'hommes l'avait suivie à la trace » ; « elle l'écoutait, refusant encore de la tête, avec son rire provoquant de blonde grasse ». Tu ne la voyais pas du tout blanche, elle ne pouvait ressembler à une femme de gendarme. Non ! Nana était une chabine à la chair plantureuse, une femme créole délurée et brusquante tout à la fois. Une mâle-femme, oui ! Tu t'endormais avec elle, la tête contre son opulente poitrine que tentait de dompter un corset à franges, tes mains posées sur ses jarretières tentatrices, et dans ton demi-sommeil tu entendais sa voix comme si elle te parlait à toi et déjà tu anticipais sur ce qu'elle ferait au chapitre suivant, chapitre dont tu ne te délecterais que le lendemain. Cette présence, invisible pour autrui, comblait tes journées, emplissait ce vide que tu ressentais dès l'instant où tu n'étais plus en salle de classe. Elle t'aidait à supporter les interminables trajets en autobus puisque, à peine assis, tu tombais dans une espèce d'état second qui néantisait les passants et les maisons qui défilaient à travers la vitre. Grâce à elle, tu opérais une sorte de lévitation dans les (fort heureusement) rares occasions où ta mère, appuyée par ton père pourtant agnostique et bouffeur de curé, t'obligeait à assister à la messe à la chapelle de Coridon. Tu te demandais avec amusement si le comte Muffat, si confit en dévotion, saurait résister à l'attraction que Nana exerçait sur lui. « Il assistait aux détails intimes d'une toilette de femme, dans la débandade des pots et des cuvettes, au milieu de cette odeur si forte et si douce », vous récitiez-vous de tête. « Tout son être se révoltait, la lente possession dont Nana l'envahissait depuis quelque temps l'effrayait, en lui rappelant ses lectures de piété, les possessions diaboliques qui avaient bercé son enfance. Il croyait au Diable. Nana, confusément, était le Diable, avec ses rires, avec sa gorge et sa croupe, gonflées de vices. Mais il se promettait d'être fort. Il saurait se défendre. » Pff ! Tu ne donnais pas cher des bonnes résolutions de monsieur le Comte. Tu savais Nana irrésistible. Aucun goupillon, aucune hostie, aucun exorcisme ne pouvait la réduire à l'état de femme au foyer, expression que tu tenais en horreur. Les mots de « couple », « foyer » ou « famille » te semblaient obscènes, plus obscènes que les photos de femmes nues que Milo te faisait découvrir dans les toilettes du lycée Schœlcher. « Couple » évoquait immanquablement pour toi « s'accoupler », l'image même de ces chiens victimes de coïts captifs que vous, les gamins, vous amusiez à bombarder à coups de roche. « Foyer » te renvoyait à quelque caverne des temps préhistoriques où des hommes et des femmes hâves, velus, vêtus de peaux de bêtes, s'accroupissaient autour d'un misérable feu de brindilles pour tenter de se réchauffer. Quant à « famille », il était l'exact synonyme, à tes yeux, d'hypocrisie. Surtout dans l'expression « un film que l'on peut voir en famille », qui s'appliquait invariablement à des comédies idiotes dans les-

178

quelles toute allusion au sexe était bannie alors même que ladite famille n'aurait pu être constituée sans que papa et maman eussent joué… à la bête à deux dos.

L'état d'hypnose dans lequel te plongeait la lecture confortait ton rejet de tout comportement tribal (« tribu » : encore un mot que tu abhorrais !) et te renforçait dans l'idée que tu étais seul dans la vie. Non pas désespérément seul mais magnifiquement seul. Qu'y avait-il de plus exaltant que de savoir que tu ne pourrais jamais partager avec quiconque l'espèce d'exaltation qui te saisissait au beau mitan d'un livre ? Tu devinais que le langage n'était qu'un passage obligé, emprunté par tous, vers des zones obscures de ton moi, du moi de chacun, et qu'une fois arrivé là, on se retrouvait seul avec soi-même. Face au mystère absolu de l'être. C'est pourquoi tu haïssais le catéchisme et la messe qui s'efforçaient d'interdire à l'individu d'accéder à une telle conscience en l'abîmant dans un prétendu amour de Dieu. Tu étais un drôle de zèbre : un païen individualiste. Normalement, ceux qui vénéraient, comme toi, les arbres, les rivières, les rochers ou les nuages n'étaient-ils pas sous l'emprise d'un puissant instinct grégaire ?

Lire, lire, toujours lire. Ainsi envisageais-tu cette vie qui s'ouvrait devant toi comme l'arpentage d'une immense bibliothèque.

CE BLANC ROYAUME...

De toutes les salles obscures de Foyal, le Bataclan — qui se trouvait au beau mitan du quartier
des Terres-Sainvilles — était le plus assidûment fréquenté par la marmaille, bien qu'y acheter un
ticket relevât quasiment de l'exploit pugilistique.
Plus souvent que rarement, tu mentais à tes parents
lorsqu'ils s'enquéraient de l'endroit où tu passerais
ton dimanche après-midi. Le seul nom du cinéma
Le Pax avait le don de les rassurer, non point parce
qu'ils connaissaient la signification de ce mot latin
mais bien parce qu'il s'agissait d'une salle parois-
siale. On y jouait des films édifiants sur la vie de
Jésus, l'épopée de Moïse et, trop fréquemment à
ton goût, *Josélito*, l'histoire émouvante à souhait
d'un petit gitan espagnol à la voix d'or. Dans cette
salle, monsieur l'abbé avait fait installer une son-
nerie lumineuse qu'il actionnait chaque fois qu'un
désordre éclatait ou que des injuriées, plus salaces
les unes que les autres, fusaient des dernières rangées, celles que se réservaient d'autorité les fortes
têtes. Une fois, il avait même interrompu la séance

et avait surgi de derrière l'écran, la figure rouge coquelicot, pour menacer de renvoyer illico presto les spectateurs dans leurs foyers s'ils ne cessaient pas sur-le-champ d'accompagner chaque coup de poing, chaque éventration à l'épée, chaque transpercement à la lance d'un *isalé !* (Attrape !) tellement puissant qu'il dérangeait les maisons voisines du cinéma, en particulier la gendarmerie. Pourtant, les spectateurs étaient, chose plutôt rare, du bon côté : ils avaient pris le parti des Juifs qui résistaient à la destruction de Jérusalem par ces barbares de Romains vêtus de leurs capes rouges et de leurs cuirasses qui semblaient sculpter les muscles de leurs poitrines. Il faut dire que Le Pax se situait au centre-ville, presque à hauteur de cette frontière invisible qui séparait les honnêtes citoyens des voyous des Terres-Sainvilles. Il existait bien un autre cinéma, Le Parnasse, juste à l'entrée du port, mais nul gamin n'aurait osé s'y aventurer car on n'y passait que des films coquins où l'on vous montrait des femmes presque nues, comme l'indiquaient les affiches rutilantes que le propriétaire des lieux prenait un malin plaisir à faire coller un peu partout et qui te faisaient tous saliver, à commencer par Roberto.

Tu étais donc abonné, si l'on peut dire, au Bataclan, où dominaient les films de guerre, de cowboys, de Maciste et d'Hercule et parfois des navets romantiques qui faisaient pleurer en silence les jeunes filles et nouaient des boules d'angoisse au fond de la gorge des bougres les plus forts en gueule. Avec la lecture, autant qu'elle ou presque, le cinéma constituait pour toi un univers magique dans lequel tu aimais à t'enfoncer tête baissée, oreilles largement dressées, cœur chamadant à tout rompre. Il n'y avait pas que les sortilèges de l'écran pour te captiver car, à cette époque-là, le spectacle se trouvait également dans la salle. Les majors de quartier se baillaient rendez-vous au Bataclan, se regardant en chiens de faïence à l'entrée, ne se mêlant pas à la bataille rangée qui éclatait à l'ouverture de la caisse (leurs sbires se chargeant de leur acheter leurs tickets) et avalant des quantités impressionnantes de bière « Lorraine ». Leurs femmes, à la toilette exagérément soignée, se faisaient toutes petites à leurs côtés, souriant timidement aux blagues qu'ils brocantaient en guise de premier défi. Celle de Fils-du-Diable-en-personne, une négresse-chinoise aux yeux presque bleus, te tétanisait. Sa démarche chaloupée, sa croupière bombée qu'accentuait une robe serrée et très courte, le miel de sa peau suscitaient des sifflets d'admiration dès que son homme avait le dos tourné mais personne, même pas Waterloo, le redoutable major du Bord de Canal, n'aurait eu suffisamment d'audace pour lui faire des yeux doux. Roberto t'avait murmuré :

« Quel gâchis, foutre ! Ce Fils-du-Diable, hon !, il a presque soixante ans sur sa tête. Qu'est-ce qu'il peut faire, hein ? Lécher, c'est tout ! »

La jeune femme n'avait, en effet, qu'une petite vingtaine d'années, ce qui ne l'empêchait pas d'être très fière de son barbon et de parader dans le hall d'entrée du Bataclan où des obséquieux venaient, avec l'autorisation tacite de Fils-du-Diable, la complimenter sur sa personne. Curieusement, elle ne s'exprimait qu'en français, d'une voix de crécelle de la Semaine sainte qui jurait avec la splendeur de ses formes. Quand venait le moment d'entrer dans la salle, la foule se coupait aussitôt en deux — comme la mer Rouge devant Moïse et ses frères —, lui faisant une manière de garde d'honneur. Main dans la main, à la manière européenne, le couple dépareillé passait la porte d'entrée sans jeter un seul regard à Chrisopompe, l'ouvreur, ni même daigner lui tendre ses tickets pour qu'il les déchire. Tu avais fini par soupçonner que le major des Terres-Sainvilles utilisait toujours les mêmes car ils étaient passablement jaunis et écornés. Brandissant les tickets, Fils-du-Diable lançait comme s'il ne s'adressait à personne en particulier :

« *Man péyé, ba mwen lè, fout !* » (J'ai payé ! Qu'on me laisse libre passage, foutre !)

Chrisopompe prenait sa revanche sur des créatures moins redoutables, en particulier ces garnements de Trénelle ou de l'Ermitage qui, faute d'argent, tentaient de se dissimuler derrière les adultes pour se faufiler à l'intérieur. Ils se postaient dans un recoin sombre, derrière la caisse, prêts à bondir, dos bas, dans le sillage des nègres de grande taille ou des grosses dondons à l'arrière-train scandaleusement proéminent. Une fois sur deux, ils parvenaient à tromper la vigilance de Chriso-pompe qui avait fort à faire avec ceux qui craignaient de ne pas trouver des sièges au fond de la salle. Vous, la marmaille, vous retrouviez invariablement au premier ou au second rang où vous deviez vous casser le cou pour embrasser la totalité de l'écran. Mais, à vrai dire, vous n'en aviez cure tellement vous aviez hâte de vous laisser charroyer par la féerie des images. Roberto, qui était prudent de nature, t'incitait à laisser entrer le gros des spectateurs de peur que l'un d'entre vous ne fasse la gaffe d'occuper un siège qu'un apprenti fier-à-bras s'était octroyé d'autorité. Dans ces cas-là, le bougre ne prenait pas de gants. Il vous hélait :

« *Tiré kôw la, tibray ! Ou pa wè ou asiz an laplas mwen, ebé Bondyé-Senyè !* » (Ôte toi de là, gamin ! Tu ne vois pas que t'es assis à ma place !)

Penaud, l'infortuné sur qui tombait semblable avanie cédait sans discuter et se mettait à errer, accroupi à cause des huées que lui lançaient les spectateurs, à la recherche d'un hypothétique siège. Ainsi tu avais dû un jour te contenter d'un de ces minuscules strapontins, le plus souvent à moitié cassés, où s'asseyaient les vieilles personnes et les retardataires.

En avant-goût, le Bataclan servait toujours (contrairement au Pax ou au Parnasse) d'interminables actualités où l'on apercevait des personnalités européennes en queues-de-pie et haut-de-forme qui descendaient de longues limousines noires, grimpant les marches de palais entre deux rangées de militaires au garde-à-vous, tout cela au son d'une musique classique aux accents inévitablement funèbres pour des oreilles créoles. Ces rois ou ces chefs d'État s'installaient dans d'immenses salles de congrès où ils prenaient la parole à tour de rôle avec des gestes grandiloquents avant de repartir, très dignes, jusqu'à leurs automobiles que leur ouvraient des chauffeurs en livrée.

« *Fout sé Ewopéyen-an enmen palé, tonnan !* » (Ces Européens, qu'est-ce qu'ils aiment parler !) s'exclamait inévitablement quelque fier-à-bras, déclenchant des cascades de rires.

Tant que durait « Gaumont-Actualités », Chrisopompe tolérait un joyeux désordre. D'ailleurs, la salle n'était pas encore totalement plongée dans l'obscurité et les marchandes de pistaches allaient et venaient dans les travées en lançant leurs « Bien grillé ! » tentateurs. On échangeait des « Bonjour ! » ou des « J'ai besoin de te voir après ! », on se baillait de grandes claques dans le dos, on pestait déjà contre la chaleur étouffante de la salle. Tu te tenais coi sur ton siège, attentif à ne pas poser tes bras sur les accoudoirs au cas où, pour ton malheur, tu te retrouverais encadré par des bougres à la mine patibulaire. Ce monde froid et gris (« Gaumont-Actualités » était en noir et blanc) te semblait irréel et fascinant à la fois. Tu y décelais la toute-puissance du monde des Blancs car, à quatorze ou quinze ans, tu savais bien que ces personnalités grotesquement vêtues à tes yeux régentaient la terre entière. C'était si vrai que, les deux ou trois fois où apparurent sur l'écran les visages noirscharbon de présidents africains, ils te parurent empruntés dans leurs costumes-cravate trop amples, des sortes de pantins de carnaval, des guignols dont on tirait les ficelles en coulisse. La salle entière éclatait d'ailleurs de rire. Des voix indignées s'élevaient ici et là :

« *Sa makak-tala konpwann ! Gadé'y, wi ! Ga tèt vakabon-an ! Hé, Lisyen, sé pa frè'w ki la ?* » (Qu'est-ce qu'il croit, ce macaque ! Regardez-moi ça ! Regardez-moi ce va-nu-pieds ! Dis donc, Lucien, ça serait pas ton frère par hasard ?)

Le Lucien en question, inévitablement, se dressait de colère et cherchait l'impudent qui l'avait insulté avant de fondre sur lui pour lui bourrer les côtes de coups de poing bien sentis. Une bagarre éclatait — que ne tentait même pas d'arrêter Chrisopompe — jusqu'à ce que les images en couleurs des « aperçus » apparaissent à l'écran. Comme par enchantement, le tonnerre-de-dieu s'apaisait car personne n'aurait voulu, pour rien au monde, rater les bandes-annonces des films à venir. Les aperçus de films de cow-boys déclenchaient des grognements de satisfaction chaque fois qu'on y découvrait la face altière de Charlton Heston. Le major du quartier Texaco, auquel ses admirateurs avaient attribué le même nom, s'écriait :

« *Ha, mi frè mwen, wi ! Joy nonm ki prélè ! Lisyen, ou té kay kontan si ou té an laplas mwen, nèg mwen !* » (Ah, voici mon frère ! Quel bel homme ! Lucien, t'aurais été content d'être à ma place, mon bougre !)

Cette fois, le pauvre Lucien (ou Jules ou André) ne pipait mot. Il devait tenter de déchiffrer à mi-voix les titres des films annoncés pour la semaine suivante et, parfois, la salle s'emplissait d'une sorte de ronronnement hésitant qui ressemblait à celui d'une classe d'écoliers du cours préparatoire en train de réviser une leçon de français. Les aperçus te mettaient en joie. Tu y faisais une provision de rêves qui te hanteraient lorsque, le lendemain et les jours d'après, tu ferais l'ennuyeux trajet en autobus entre le quartier de Coridon et la gare de l'Asile. Bien qu'il ne dépassât guère cinq kilomètres, il fallait bien compter une demi-heure pour arriver à destination puisque le chauffeur faisait une halte à chacun des six arrêts qui le ponctuaient, perdant un temps fou à encourager les passagers à se pousser pour faire place à quelque nouvel embarqué alors même que les banquettes, prévues pour cinq personnes, étaient déjà passablement tassées. Sur le trajet (à pied) qui te conduisait de l'Asile au lycée Schœlcher, tu imaginais les duels au pistolet, à la sortie de saloons enfumés, dans des villes poussiéreuses, qui ne manqueraient pas d'opposer Charlton Heston à des hors-la-loi à la gâchette facile. Une phrase de l'acteur américain avait enchanté des mois durant les habitués du Bataclan :

« Ta mort se promène sur le balcon de mon revolver », avait lancé ton héros à son adversaire.

Tout le monde répétait cette phrase dès qu'il avait la moindre dispute avec quelqu'un bien que les seules armes dont les voyous disposassent à l'époque ne fussent que des rasoirs, des jambettes, des canifs, des couteaux à cran d'arrêt et, plus rarement, des becs d'espadon-mère. Ces derniers étaient les seuls contre lesquels il n'y avait aucun recours : on avait beau transporter le blessé en urgence à l'hôpital civil, pourtant proche, les chirurgiens parvenaient rarement à ôter le bec dentelée du ventre de la victime sans lui déchirer du même coup les intestins. Heureusement, seuls les vrais nègres-majors, Fils-du-Diable-en-personne, Waterloo ou Gros Édouard, en possédaient, et ceux-ci disposaient d'assez de jugeote pour ne s'en servir qu'à la dernière extrémité, c'est-à-dire pas plus d'une ou deux fois au cours de leur vie.

Après les aperçus, il y avait une brève période de noir total. On devait mettre en place la bobine du film, là-haut, dans l'étroite guérite du premier étage d'où jaillissait ce rayon de lumière bleutée qui, grâce à une magie que personne n'aurait imaginé une seule seconde comprendre, se transformerait bientôt en un défilé d'images captivantes. Dans ce laps de temps, qui te semblait toujours trop long, ta gorge s'asséchait, les muscles de ton cou se tendaient et tu t'empressais de nettoyer une dernière fois les verres de tes lunettes à l'aide des manches de ta chemise. À ce moment-là, la salle du Bataclan se retrouvait plongée dans un silence total-capital. Chacun quittait l'ignoble ou l'ennuyeux monde quotidien pour s'évader dans un univers féerique où tout semblait possible. Les premiers mots d'une romance de Rosalia chantonnaient dans ta tête :

Les beaux jours sont si courts
Amoureusement
Garde-moi près de toi
Tendrement

Dans tes yeux si profonds
Si pleins de douceur
Je lirai tout au fond
mon bonheur…

Pour toi, le royaume du cinéma demeurerait à jamais lié à celui de l'innocence enfantine, celui dans lequel tu menais, selon le mot du poète créole, un corps sans ombre…

MUSIQUER, CHANTER, DANSER

Que la musique ne parvînt à provoquer en toi le moindre émotionnement fut d'abord un sujet de vif étonnement pour ta propre personne. Les deux bandes auxquelles tu appartenais — celle de Grand-Anse dirigée par Ti Jean et celle de l'En-Ville par Roberto — étaient composées de musiciens-nés. Dès que vous faisiez un pauser-reins dans la drivaille quotidienne qui emportait vos pas de la Rue-Devant au promontoire de La Crabière ou bien de la rue des Syriens au cinéma Bataclan, untel s'emparait d'une boîte de lait Nestlé usagée, ramassait vitement-pressé deux bouts de bois ou de ferraille par terre et cherchait à imiter le rythme de carnaval qui avait connu le plus de succès cette année-là. Tel autre sortait un peigne de sa poche qu'il enveloppait dans du papier aluminium et imitait à la perfection le son d'un harmonica. Tel autre encore se taillait une flûte avec la tige de la feuille de quelque papayer et s'élançait dans un solo proprement magique. Il n'y avait que toi pour demeurer dans ton coin, bras ballants, l'air tantôt

190

indifférent tantôt renfrogné. Où donc ces petits bougres-là avaient-ils appris tout ça ? Comment avaient-ils pu acquérir une telle dextérité ? Ce qui te stupéfiait le plus, c'est qu'assez vite les sons disparates qu'ils tiraient de leurs instruments de fortune s'harmonisaient et finissaient par reproduire un air que tu avais déjà entendu à la radio ou alors de la bouche de ta servante Rosalia.

« *Afarèl, brennen kôw, nèg mwen ! Ou la kon an makoumè kouman !* » (Raphaël, remue-toi un peu ! Reste pas là comme un pédéraste !) s'esclaffait rituellement Ti Jean.

Mais tu avais beau chercher à quoi occuper tes mains ou ta bouche, tu étais, à ton grand désespoir, incapable d'inventer des maracas en emplissant de petites roches rondes des boîtes en fer-blanc ou de tirer le moindre son humainement écoutable du tronçon de bambou qu'une âme charitable venait de te tailler. Tu étais « laid », comme on dit en créole. C'est-à-dire idiot, stupide. À ces moments-là, ta supériorité de fils de fonctionnaires sur ces gamins plébéiens s'effondrait net. Pourtant, ton père avait l'oreille musicale et s'était acheté une magnifique guitare espagnole avec laquelle il jouait des airs de Bénézuèle et de Cuba. Sa voix aussi était chaude et belle. N'obtenant aucun encouragement ni de la part de ta mère ni de celle de sa marmaille, il avait fini par ranger son instrument sur la dernière étagère de sa bibliothèque d'où il ne le sortait qu'aux grandes occasions et encore, sur la sollicitation pressante de ses sœurs qui avaient souvenir de l'enchantement qu'il leur avait procuré au cours de leur enfance. Tatie Raymonde disait souvent, non sans exagération affectueuse :

« Si ton père n'avait pas eu le goût des maths, eh ben, je suis sûre qu'il aurait fait un sacré ténor ou alors un guitariste aussi fort que Django Reinhardt. »

De ta surdité musicale découla évidemment une inappétence totale pour la danse. Tu n'avais pas le sens inné du rythme comme tes petits camarades qui se déhanchaient à tout bout de champ ou inventaient même des pas qui leur valaient les applaudissements des adultes présents. Les bals que donnait régulièrement Marraine Lily te semblèrent une ridicule gesticulation tant que tu n'atteignis pas l'âge de t'intéresser aux filles. Ils devinrent une vraie torture quand tes cousins et tes amis se mirent à rivaliser d'adresse au bras de jeunes capistrelles, lesquelles n'accordaient que des regards de profonde commisération aux piètres danseurs et qui, dans ton cas particulier, en vinrent à te considérer comme un extra-terrestre. Ta parentèle n'avait de cesse qu'elle te harcelât :

« Allons ! Fais deux petits pas, mon vieux ! Tu risques de finir vieux garçon, oui… »

Ici-là, il n'y avait qu'un seul et unique moyen de s'attirer les faveurs de la gent féminine : profiter d'un bal pour les emporter dans une biguine endiablée ou une valse langoureuse. Toute autre tentative était vaine d'autant que les occasions de se mélanger, entre garçons et filles, étaient plutôt rares. Le lycée Schœlcher était rigoureusement masculin et le lycée de jeunes filles méritait bien son nom. Tu en étais donc venu peu à peu à haïr la musique et son corollaire obligé, la danse. Au début, tu avais pourtant essayé d'apprendre. Tu avais épié les danseurs depuis la foule de parasites qui s'assemblait autour de la maison de Marraine Lily dès que le bourg avait été informé qu'un danser s'y préparait. Les pas des hommes te semblaient compliqués (les femmes se laissant mener) et simples à la fois : deux pas à droite, un pas à gauche, un pas au milieu, le tout agrémenté d'un roulis spécial des hanches, le buste, lui, demeurant parfaitement rigide. À chaque bal, tu te promettais de te lancer mais la lumière crue des néons te dissuadait très vite de t'avancer vers celle que tu avais envisagée pour cavalière. En outre, tu savais que tu aurais été immédiatement le point de mire de l'assemblée, qu'on aurait jaugé et jugé chaque mouvement de ton corps et que personne ne se serait gêné pour t'agonir de quolibets au cas, fort probable, où tu aurais cogné le genou de ta cavalière ou pilé ses pieds. Tu avais différé ton entrée en scène de l'âge de quatorze ans à celui de dix-huit, moment où il était de toute façon trop tard pour tenter quoi que ce soit. La seule chose qui te consolait un peu, c'est que ton frère et tes sœurs, sans être aussi « infirmes » que toi, n'étaient pas des foudres de guerre en la matière.

Derrière toute cette souffrance adolescente se cachait pourtant un vrai miracle : tu adorais le chant, le pur envol de la voix humaine sans l'aide d'aucun instrument de musique. Le lundi de beau matin, pendant les grandes vacances, il t'arrivait de convaincre Ti Jean et ta bande de te rendre à la rivière du Lorrain afin d'attraper des écrevisses-bouc qui faisaient d'excellents appâts pour la pêche en mer. Même si la baie de Grand-Anse était parfaitement bréhaigne — cela depuis qu'un abbé, à l'orée du siècle, l'avait maudite en secouant sa soutane sur ses flots —, il y avait toujours trois ou quatre irréductibles pêcheurs à la ligne qui, cigarette Mélia au bec, chapeau-bakoua vissé sur le crâne, s'obstinaient à taquiner d'invisibles poissons. Ils s'installaient, au crépuscule, à l'en-bas de l'hôpital, là où il y avait une sorte de fosse sous-marine, et philosophiquement regardaient la nuit tomber comme une chape de goudron. Ils vous récompensaient de pièces de monnaie jaune quand vous, la marmaille, leur rapportiez des écrevisses-bouc. Si bien que ta proposition du lundi était acceptée avec facilité par tes pairs qui se mettaient activement à l'ouvrage, debout dans la rivière avec l'eau à mi-jambe. Chasser les « boucs » se faisait à l'aveuglette et n'était pas sans risque : on se plaçait au-dessus d'une grosse roche et on glissait les deux mains le long de ses flancs, tout au fond de l'eau. Si on avait le malheur de tomber sur une écrevisse-z'habitant, on était quitte pour un pincement qui vous arrachait des cris de douleur. Parfois, mais c'était chose rarissime, on pouvait attraper un jeune serpent venu se désaltérer dont la piqûre, vicieuse à souhait, ne vous inquiétait pas, mais deux heures plus tard votre bras entier se mettait à enfler, les battements de votre cœur s'accéléraient et une vilaine sueur grisâtre commençait à perler à votre front. Ti Jean en avait fait l'expérience par deux fois et en tirait une immense fierté. Il ne s'était point affolé, avait cassé une branche de goyavier pour assommer la bête-longue et, d'un pas tranquille, s'était rendu à l'hôpital de Grand-Anse où on lui avait administré un sérum.

Aucun de tes compagnons de jeu ne savait que tu choisissais le lundi uniquement pour écouter le chanter des lessiveuses. Ces femmes portaient d'énormes panier remplis de linge sale sur la tête, souvent sans s'aider de leurs mains, et s'installaient par petits groupes près des bassins où elles se mettaient à savonner, à battre, à tordre, à essorer et à étaler sur les roches chemises, robes fleuries ou draps de lit, cela avec une jovialité communicative. Le plus extraordinaire à tes yeux était leurs voix. Elles faisaient des vocalises à couper le souffle qui entraient en harmonie parfaite avec le chuintement de l'eau diaphane et les pépiements des oiseaux. Comme Rosalia, ta servante de Fort-de-France, elles marquaient une préférence pour les romances du temps de l'antan. Sessilie, une négresse au galbe ravageur, avait-elle deviné que tu aimais l'entendre chanter *Doudou, mwen ka mandé'w padon !* (Chéri, je te demande pardon !) ? Toujours est-il que, dès qu'elle apercevait votre bande, elle s'interrompait brusquement et entonnait :

Doudou mwen pati pou Boliva
Doudou mwen pati pou Panama

Doudou pati pou Boliva
Pou an ti kôn mwen ba'y,
I abandoné mwen

Doudou, mwen ka mandé'w padon
Doudou, fo ou padonné mwen
Doudou, mwen ka mandé'w padon
Si mwen ba'w an kôn
Ou a padonné mwen

(Mon amour est parti à Bolivar
Mon amour est parti à Panama
Chéri est parti à Bolivar
Parce que je lui ai donné une petite corne
Il m'a abandonnée

Chéri, je te demande pardon
Chéri, il faut que tu me pardonnes
Chéri, je te demande pardon
Si je te donne une corne
tu me pardonneras)

Ses compagnonnes se pâmaient d'aise, chacune rêvant sans doute à son doudou-chéri du moment. Ce chant t'emportait vers des lieux que tu imaginais féeriques : Panama, Bolivar, le grand dehors, quoi ! Sessilie n'affectionnait pas cette romance-là par hasard. Tout le monde la savait fiancée depuis des lustres à un bougre qui, avant la Seconde Guerre mondiale, était parti à la recherche de son père, lequel fit partie de ces contingents d'Antillais qui avaient suivi l'appel de Ferdinand de Lesseps.

Venez participer à la plus grande aventure du siècle ! disait la propagande. Désormais, il ne sera plus nécessaire de contourner l'entièreté de l'Amérique du Sud pour gagner l'océan Pacifique. La construction d'un vaste canal à Panama fera de vous les égaux des bâtisseurs des pyramides d'Égypte ou de la Grande Muraille de Chine. Œuvre titanesque ! Chef-d'œuvre de l'humanité ! Des milliers de nègres martiniquais et guadeloupéens furent sensibles à ces propos ronflants, d'autant que les usines à sucre et les distilleries commençaient à fermer une à une. Ils partirent pour ne jamais revenir. Leurs rares lettres laissaient entendre que l'El Dorado qu'on leur avait promis avait les couleurs sombres de l'Enfer. On les enterra dans les mémoires et de leur épopée avortée ne subsistèrent que des paroles de romances. Une nostalgie douce-amère qui, au fil du temps, se mua en indifférence. Sauf chez l'amoureux de Sessilie. Celui-ci s'était juré de ramener son vieux père dans sa terre natale et, en dépit de l'attachement qu'il éprouvait pour la jeune femme, il accepta un job de marin à bord d'un caboteur colombien ou mexicain qui avait fait escale au bassin de radoub de Fort-de-France. Il avait promis à Sessilie qu'il reviendrait cousu d'or et d'argent et cette dernière le crut. Jamais elle n'accepta les offres pressantes que lui faisaient toutes qualités d'hommes plus ou moins bien intentionnés. Quand on la courtisait, elle esquissait un petit sourire à dix francs avant de lâcher, désinvolte :

« Pour conquérir mon cœur, il faut savoir parler espagnol, oui. Le savez-vous, mon cher ? »

Puis elle entamait son chanter sans considérer davantage celui qui tentait de la circonvenir. Quelques larmes discrètes, vite essuyées, roulaient sur les pommes de sa figure. En ces moments-là, sa formidable belleté de négresse pure t'époustouflait. Le noir primordial de sa peau, la rondeur parfaite de sa croupière, les traits puissants de son visage, sa dentition immaculée, sa chevelure crépue et très fournie (« un nid de poux de bois ! » ronchonnaient les jalouses), tout en elle était admirable à tes yeux d'adolescent. Mais ce qui t'attirait le plus était ses gencives foncées, presque violettes, qui te faisaient l'effet d'une sorte d'aimant dès qu'elle se mettait à vocaliser. Et quand, sa lessive terminée, elle se dévêtait pour se baigner dans la rivière, tu devenais comme fou.

Mais c'est à la rue des Syriens, en plein Fort-de-France, qu'un beau jour tu devais être frappé par la foudre d'un chant si extraordinaire que tu étais resté planté sur le trottoir une charge de temps, insensible aux banderilles du soleil. Une voix masculine s'élevait du gros poste de radio d'Abdallah, le propriétaire des *Rêveries d'Orient*. Une voix lancinante, profonde, qui semblait s'enrouler autour d'elle-même et s'élancer dans le vide du jour. Intemporelle. Inouïe. La voix du muezzin :

« *All-a-a-ah ou ak-bar-r-r !* »

Sosthène, le djobeur, devait rompre le charme :

« *An mouton yo ka senyen oben ki sa ? Fout yo enmen kouté kouyonnad, sé Siryen-an ?* » (C'est un mouton qu'on saigne ou quoi ? Qu'est-ce qu'ils aiment écouter comme couillonnades, ces Syriens ?)

La voix du muezzin était, en effet, à dix mille lieues de l'insouciance créole. Du moins celle de l'En-Ville, car la première fois que tu avais eu la chance d'entendre un maître du bel-air, en pleine campagne du Lorrain, tu avais immédiatement compris qu'un lien invisible mais indestructible lierait à jamais ces deux chanters en toi.

Écrire déjà…

Aussi étrange que cela puisse paraître, ta passion pour l'écriture n'était point née de ta seule fréquentation assidue de la littérature française et européenne (à l'époque, aucune librairie d'ici-là n'offrait d'ouvrages africains, arabes ou asiatiques) mais de la contemplation de la belleté du monde. Ton souvenir le plus récurrent s'appuyait sur le taxi-pays de Parrain Salvie, le frère aîné de ta mère, un mulâtre qui avait l'air d'un grand d'Espagne. Il avait particulièrement brillé à l'école, au début du siècle, surtout en mathématiques et en sciences, si bien que tout le monde, qui à Macédoine qui à Carabin, berceaux de ta famille maternelle, lui prédisait un avenir de grand-grec. Son brevet d'études supérieures en poche, il avait (timidement) formulé le vœu d'aller étudier la médecine à Bordeaux. Il savait que ton grand-père, François, distillateur et fils de distillateur, n'envisageait pour lui qu'un seul avenir : celui de lui succéder pour continuer à fabriquer ce rhum capiteux dont on vantait les mérites à des kilomètres à la ronde. Pourtant,

François Augustin ne possédait pas d'étiquette personnelle. Son rhum était vendu à un Blanc créole du nom de Madkaud qui l'embouteillait sans vergogne sous sa propre marque, mais les vrais connaisseurs savaient distinguer l'alcool provenant des plantations de canne de ce hobereau (qu'on ne voyait presque jamais) de celles de ton grand-père. Lorsque Salvie s'en ouvrit à ce dernier, le bougre n'écouta même pas. Il déclara le lendemain :

« Où je vais prendre l'argent pour t'envoyer en France ? Le rhum ne se vend plus guère, mon vieux… Tu sais, la loi sur le contingentement, elle ne favorise que les gros, oui… »

Le gouvernement avait, en effet, drastiquement limité l'arrivée des rhums antillais sur le marché métropolitain à partir des années 30 et, bien entendu, les Blancs créoles s'étaient accaparé la quasi-totalité du quota alloué chaque année aux distillateurs insulaires. Malgré ce coup d'arrêt, François Augustin s'entêta à croire que sa petite distillerie de campagne tiendrait le coup et qu'il passerait la main à son fils Salvie au tournant des années 50. Il avait connu la période faste de la guerre de 14-18 au cours de laquelle la France avait fait une consommation faramineuse de rhum. Les anciens combattants, éclopés et bardés de médailles, le lui confirmaient dès qu'ils étaient fin saouls dans la buvette qui était attenante à la boutique de Man Yise, ta grand-mère :

« Dans les tranchées, c'est le rhum et lui seul qui nous a baillé force et courage pour résister à l'hiver et à la scélératesse des Allemands. »

Ton grand-père entretenait aussi toute une légende sur son patronyme, légende que propageait par jeu ta mère, Amanthe. Il montrait à qui voulait le voir son acte de naissance où l'on pouvait lire, dans une belle écriture calligraphiée, et cela en dépit du jaunissement avancé du document :

« François Augustin de Valois, né le 27 mai 1892, au Lorrain, de Louis Augustin de Valois, distillateur au quartier Macédoine, et de… »

Aucun doute : nous étions apparentés à la maison des De Valois, c'est-à-dire au roi Henri IV en personne. Notre teint très clair, les cheveux bouclés de nos femmes, leurs yeux couleur de ciel de chabines-mulâtresses en étaient les preuves vivantes. Pourtant, ni ton grand-père ni ta mère ne parvenait à expliquer pourquoi ce « de Valois » avait disparu d'une génération à l'autre. Négligence des services de l'état civil ? Volonté de tes oncles et tantes de ne plus s'encombrer d'un titre qui correspondait de moins en moins au train de vie de ta famille ? Tous taisaient la cause exacte de cette modification pour le moins surprenante. Il n'y avait que ta grand-mère pour sourire mystérieusement chaque fois que l'affaire revenait sur le tapis. Tu devais par la suite la soupçonner d'en être l'auteur car c'était elle qui s'était chargée d'aller déclarer ses sept enfants à la mairie après que son mari eut promis de le faire. Les jours s'écoulant, les semaines-savane s'accumulant, Man Yise finissait par se vêtir de sa grand-robe et, son nouveau-né sur le bras, à dos de mulet le plus souvent, elle descendait au bourg afin d'accomplir cette formalité civique.

La prétendue ascendance royale de ta famille ne parvint cependant pas à sauver la distillerie de François Augustin de la faillite. La catastrophe eut lieu — comble de malchance — l'année même où ton grand-père céda les rênes à son fils Salvie. Ce dernier avait ravalé son rêve d'études médicales mais en portait le deuil dans l'espèce de tristesse (de lointeur plus exactement) qui ennuageait son regard quand, au mitan de quelque conversation, quelqu'un évoquait la ville de Bordeaux. De toute éternité, la Martinique avait été liée à la capitale de la Gironde, depuis les temps innommables de la traite négrière, et la plupart des bacheliers s'y rendaient afin d'y continuer leurs études, sauf ceux qui voulaient faire des études juridiques puisqu'un institut existait dans le pays depuis la fin du XIXᵉ siècle.

Gêné aux entournures, François Augustin acheta un droit de taxi-pays pour Salvie et lui fit don d'une maison entourée de quelques arpents de bonne terre fertile à l'en-haut du Morne Carabin. Tous les jours que Dieu faisait, ton oncle se réveillait à trois heures du matin, se plongeait dans l'eau froide du bassin qui jouxtait la cuisine sans même prendre le temps de se refaire ou de chasser les miasmes de la nuit et, le moteur de son gros camion rouge vérifié, il parcourait les quartiers avoisinants, klaxonnant à qui mieux mieux pour ramasser les marchandes qui allaient vendre leurs légumes et leurs fruits à Fort-de-France, les vieux-corps pressés de toucher leur pension ou les jeunes aventuriers qui, las d'espérer une embellie dans leur morne existence, se rendaient de temps à autre à la Transat dans le secret espoir d'être embauchés comme dockers occasionnels.

Au retour, en période de grandes vacances, il vous embarquait, vous, la marmaille de sa sœur Amanthe, pour vous conduire chez Marraine Lily. Ce voyage était pour vous un pur ravissement. Les passagers vous cajolaient. Toutes qualités de douceurs et autres sucreries agrémentaient les deux heures et demie que vous étiez amenés à passer dans le taxi-pays, lequel s'arrêtait régulièrement à l'entrée de chaque commune et parfois en rase campagne à la demande d'untel ou d'unetelle. Salvie avait une doudou-chérie, une « massibole », disait-il en créole, au Gros-Morne, à Trinité et à Sainte-Marie. Elles savaient à quelle heure exacte il fallait qu'elles se tiennent au bord du chemin et pendant que Jéno, le portefaix, grimpait sur le toit du véhicule pour décharger les affaires des passagers qui descendaient, elles s'entretenaient à voix basse avec Salvie par la portière. Il était passé maître dans l'art de conter des galanteries aux femmes, à toutes les femmes, mûres ou pas encore à maturité, grosses ou maigres-zoquelettes, négresses bleu nuit ou chabines solaires. Sa haute stature, ses traits bien dessinés de franc mulâtre lui étaient probablement un atout mais c'était son instruction qui les tenait sous son charme. Son français châtié, ses connaissances livresques, ses réflexions qui les laissaient souvent rêveuses quand il avait redémarré, tout cela n'était pas monnaie courante en ce temps où bien rares étaient ceux qui dépassaient le cour élémentaire. À la réflexion, il te semblait que Salvie n'abusait pas de son formidable avantage. Sa cour se terminait toujours en plaisanterie, ce qui laissait la femme pantoise et déclenchait des remarques grivoises chez les matrones qui occupaient l'arrière du taxi-pays par peur d'un accident de la route.

« Salvie, t'en as trop, mon cher ! Alors, tu ne sais pas laquelle choisir, ha-ha-ha !… »

Mais plus que l'animation qui régnait à l'intérieur du taxi-pays, davantage que les prises de bec qui opposaient certains passagers et même les commérages humoristiques qu'ils brocantaient, te fascinait le paysage. Ta petite taille ne te permettait que de voir le toit des maisons, les flancs de morne et surtout les frondaisons des grands arbres parmi lesquels les flamboyants te terrassaient par la faute de leur écrasante splendeur. Flamboyants rouges qui « pleurent en cocons de sang » en carême, selon le vers d'un poète régionaliste martiniquais du XIXe siècle qui raviverait en toi, lorsque tu le lirais quelques années plus tard, la stupeur qui te frappait lorsque tu voyageais à bord de maître Salvie. Flamboyants jaunes qui semblaient un hymne à l'innocence perdue du genre humain. Flamboyants orangés, plus rares, dont les pétales concentraient d'étranges fureurs contenues. Flamboyant bleu — ô unique ! —, le seul de tout le pays, au nom si beau de jacaranda, qu'un riche Béké de Marigot avait importé de l'océan Indien et qui éteignait à lui seul toute velléité des arbres environnants de l'égaler en prestance et grandiosité. Et puis ce vert implacable des champs de canne à sucre, les tranches bleues du ciel que découpait la fenêtre du taxi-pays, tout ce blanc chaleureux des nuages de beau temps qui alourdissait l'atmosphère sans faire peser nulle menace sur vos têtes ! Comment rendre tout cela ? Comment faire pour que tant de somptueuse douceur se laisse dompter par les mots, tes mots, ceux que d'une main malhabile tu griffonnais déjà aux dernières pages de tes cahiers scolaires ?

Alors, un immense découragement s'emparait de toi. Le paysage vaincrait toujours ton désir de l'exprimer. Il était plus fort que la langue et, pourtant, tu en avais l'obscure sensation, il n'existait pas en dehors des mots. Tu sentais bien qu'une part de la splendeur du flamboyant résidait dans le mot lui-même qui servait à le désigner. Déjà t'intriguait la puissance intérieure des mots. Pourquoi certains d'entre eux tels qu'obsidienne ou myriade charriaient-ils une si forte charge d'évocation alors que d'autres — crécelle, groin, concubin — paraissaient si ternes, voire carrément moches ? Y avait-il une logique dans l'agencement des voyelles et des consonnes qui conduisait à une coloration particulière pour chaque mot ? Ces questions te troublèrent encore plus à partir du moment où tu t'étais mis en tête d'inventer tes propres histoires. Moravia, Montherlant, Marceau ou Mauriac (les quatre M, comme tu les surnommais) ne suffisaient plus à satisfaire ta soif d'imaginaire et tu aspirais à lire des livres qui parlaient de chez toi, du pays, de ses légendes, qui évoquaient ses paysages. Ta mère, sollicitée, en avait ri :

« Oh, tu sais, à part Césaire qui est trop difficile à comprendre, les nègres n'écrivent pas. »

L'année où tu étais entré en classe de troisième, en 1965, cette affirmation se révéla fausse. Un roman martiniquais venait d'être couronné d'un grand prix littéraire à Paris, le prix Renaudot, et la radio en martela le titre, *La lézarde*, ainsi que le nom de son auteur, Édouard Glissant, des semaines durant. Hélas ! Il fut introuvable en librairie et tu avais dû attendre l'année d'après pour l'apercevoir parmi l'amoncellement de romans français aux couvertures voyantes qui occupaient les étalages de la Librairie antillaise, ton nouveau point de chute depuis que la vieille librairie Clarac avait sombré dans la papeterie. Stupéfait, tu étais resté un bon quart d'heure devant l'ouvrage, sans même oser le toucher. Puis, jetant un œil furtif à droite et à gauche, assuré que nul ne t'observait, tu en avais ouvert la première page et tu avais subi un choc, une sorte de foudroiement immédiat qui t'avait fait perdre contact avec la réalité. Les phrases, cise-lées et gorgées de sève créole tout à la fois, défi-laient sous tes yeux incrédules, te contraignant à une lecture à mi-voix qui amusa la nouvelle ven-deuse avec qui tu étais sur un pied de familiarité, les deux autres étant des bougresses revêches et incultes qui détestaient les clients qui fouinaient trop longtemps dans la librairie sans débourser un liard.

« Tu es parti dans un rêve ou quoi ? » plaisanta-t-elle en examinant la couverture du livre que tu tenais en main.

Tu l'avais redéposé prestement et avais esquissé un petit sourire à dix francs accompagné d'une dénégation de la tête fort peu convaincante. Les jours suivants, tu étais revenu à la charge, lisant et relisant la première page de *La lézarde,* étonné d'éprouver le même sentiment d'admiration sans bornes. Tes doigts étaient en proie à une manière de tremblade que tu n'arrivais pas à maîtriser. Le prix du roman n'était pas inabordable pour ta bourse mais quelque chose d'inexplicable te retenait de l'acquérir, une peur révérencielle que tu n'avais jamais ressentie face à un roman français. Enfin un livre antillais ! Un livre qui parlait de toi. De toi-même. La nuit, tu rêvais de la page deux que tu n'avais pas encore abordée et tu l'imaginais tout aussi sublime, sinon davantage que la première. Final de compte, un midi, tu t'étais engouffré dans la librairie bien décidé à l'acheter. Tu avais foncé vers le rayon où il avait été rangé trois semaines durant pour découvrir — ô cruelle déception ! — qu'il n'y figurait plus. Ta vendeuse préférée vola à ton secours mais t'apprit une triste nouvelle :

« On n'en avait commandé que cinq exemplaires. Ils ont tous été vendus. J'ai fait partir une nouvelle commande, malheureusement, tu devras attendre deux ou trois mois. Les livres arrivent par bateau, tu sais… »

Bizarrement, en sortant de la librairie, tu avais

ressenti un soulagement. Une sorte de poids sortait de ton esprit. Comme un sortilège qui aurait cessé d'avoir son effet magique. Tu avais marché, d'un pas léger, jusqu'à La Savane, et tu t'étais assis, sans le faire exprès, à l'un des bancs de l'allée des Soupirs où se rassemblaient d'ordinaire des bougres de sac et de corde. Lapin Échaudé, le célèbre crieur de magasin de Syriens, te rappela gentiment à l'ordre. Il n'avait pas envie de te voir recevoir un coup de rasoir sur les fesses. Quand ces aigrefins et autres bandits de grand chemin discutaient de leurs combines, ils n'acceptaient pas que des oreilles indiscrètes entendent leurs propos. Tu t'étais alors rendu à la bibliothèque Schœlcher toute proche où tu avais rencontré des camarades de classe. Ils venaient là davantage pour chauffer les oreilles des filles de paroles sucrées que pour s'ouvrir l'esprit. Ta sériosité (comme ils disaient) faisait rire certains sous cape, en agaçait d'autres qui ne se gênaient pas pour te traiter de « petit macommère ». D'ordinaire, à leur seule vue, tu rentrais la tête dans les épaules et tu essayais de te faire le plus petit possible. Ce jour-là, tu te sentais tellement libéré que tu avais osé défier leur regard et t'étais dirigé, sans trop savoir pourquoi, vers le minuscule rayon des livres antillais où, hormis un exemplaire passablement abîmé du *Cahier d'un retour au pays natal* d'Aimé Césaire, on ne trouvait que des ouvrages de botanique ou de cuisine créole. Et là, nouveau coup de tonnerre ! Un exemplaire flambant neuf de *La lézarde* t'y attendait. La fiche d'emprunt montrait que personne n'avait encore sorti l'ouvrage bien qu'il s'y trouvât depuis plus d'un mois. Tu t'apprêtais à te replonger à nouveau dans la lecture admirative de la première page lorsqu'une inspiration subite te poussa à refermer le livre. Tu étais alors sorti de la bibliothèque Schœlcher comme un automate et, une fois à l'air libre, tu avais dit à voix haute :

« Si jamais je lis ce roman, jamais je ne deviendrai un écrivain ! »

Tu venais seulement de prendre conscience de ton désir d'imiter Moravia ou Mauriac, d'embrasser la carrière des lettres, comme on disait pompeusement à l'époque, et tu avais craint que la puissance du texte de Glissant ne te paralyse à tout jamais. Jusque-là, tu avais confié tes pensées les plus secrètes à un cahier intime sans la moindre prétention littéraire. Tu avais repris le même grand cahier à couverture verte, aux feuilles quadrillées, sur lequel tu notais les cours particuliers de mathématiques que t'imposait ton père. Seul un tiers de celui-ci avait été utilisé et il t'assurait une excellente protection puisque l'éventuel fouillayeur qui en serait venu à l'ouvrir serait d'abord tombé sur des abscisses et des ordonnées ou bien des équations au second degré. Tu y racontais par le menu le quotidien sans surprises de ton existence de lycéen petit-bourgeois. Tes émois pour les filles, ton attrait pour les romans, ta passion pour le football y trouvaient une large place tout autant que des interrogations angoissées sur ta propre personne. On n'avait de cesse autour de toi qu'on ne te rappelât ta condition de chabin, tantôt de façon ironique, tantôt, mais plus rarement, de façon flatteuse. Le matin, tu t'observais dans la glace de ta salle de bains pour tenter de comprendre. Pourquoi cette peau presque blanche ? À quoi était due cette rousseur des cheveux ? En classe, tu examinais tes camarades les plus noirs, te demandant ce qu'on pouvait bien ressentir lorsqu'on portait une telle couleur. Tu n'avais pas osé contredire ton professeur de français le jour où, dans une envolée pleine d'indignation, il s'était insurgé contre le fait que l'Europe colonisatrice ait divisé le monde entre Blancs et gens de couleur.

« Qu'est-ce qu'une telle dichotomie signifie ? s'était-il exclamé. Que la couleur blanche n'est pas une couleur ? Que le blanc est l'étalon de mesure de toutes les autres couleurs, hein ? Pff ! Quelle monstrueuse prétention ! »

Il avait pourtant tort à tes yeux ! Il ne pouvait plus, lui qui avait un teint de cacao mûr, comprendre que les gens qui avaient la peau blanche, ou presque blanche, s'imaginassent dur comme fer que, si on leur grattait la peau, on ne trouverait rien en dessous, hormis des veines et de la chair. Absolument rien ! Tandis que si on procédait à la même opération pour quelqu'un qui avait la peau noire, brune, jaune ou rouge, forcément on buterait sur de l'épiderme incolore. L'incolore, le pâle et donc le blanc étaient donc premiers et, d'ailleurs, il suffisait que tu sois allé passer une journée à la plage avec tes parents pour en avoir la preuve formelle : tu brunissais ou, en cas de coup de soleil, tu devenais écarlate. Quelque chose se surajoutait donc bien à ton teint naturel ! Le noir, le brun ou le rouge étaient seconds. Ces étranges considérations t'étaient venues à force de réfléchir désespérément au qualificatif de chabin que l'on te balançait à tout bout de champ. Tu en éprouvais un malaise constant qui ne se dissipait que dans les cas où, autour de toi, se trouvaient d'autres spécimens d'humanité semblables à ta personne, chose à vrai dire peu fréquente. Tu n'avais pas manqué de remarquer que rares étaient les chabins qui se fréquentaient assidûment entre eux et que les couples de chabins n'étaient pas monnaie courante. Tu avais même entendu ta marraine Lily tourner en dérision l'une de ses sœurs, recueillant l'approbation générale :

« Tu es déjà chabine et tu veux te marier à un chabin ! Mais vous ferez des petits albinos. Ha–Ha–Ha ! »

À part ton cahier intime, tu griffonnais des ébauches de récits aux dernières pages de tes cahiers d'école, surtout ceux qui, consacrés à des matières telles que la physique-chimie ou la musique, ne seraient jamais remplis en fin d'année vu le peu d'heures de cours que prévoyait pour elles ta section littéraire. Le plus avancé de ces textes s'intitulait *Les aventures de Dambo, le fier nègre-marron*. Tu y campais un esclave révolté à la puissante musculature et au courage sans faille qui s'était enfui d'une plantation de canne à sucre, l'Habitation Beauvallon. Il avait établi une sorte de camp à l'en-haut d'un morne boisé d'où il menait des raids contre les propriétés de son ancien maître, un Béké sanguinaire du nom de Thibault de Gerville. À intervalles réguliers, Dambo incendiait, à la nuit tombée, les plus belles pièces de canne de Beauvallon, razziait les jardins créoles pour y voler des ignames ou des choux caraïbes, terrorisait les servantes noires de la Grand Case à balconnades, entourée de bougainvillées somptueux, où vivait de Gerville. De multiples battues avaient échoué à le cerner et le maître vivait dans la hantise que les nègres d'habitation ne suivent son exemple. Au bout de quatre pages d'évocation du destin héroïque du marron Dambo, tu avais buté sur un écueil majeur : comment le faire parler ? Quels mots mettre sur sa langue pour qu'il soit un personnage crédible, au moins aussi crédible que ceux qu'imaginaient Mauriac, Troyat ou Marceau ? La scène où ton stylo s'était arrêté comme frappé de stupeur mettait face à face l'insurgé et un vieux coupeur de canne qui avait coutume de se rendre au plus profond des bois afin d'y rechercher des plantes médicinales. Ce dernier, qui avait atteint l'âge de cent ans, était un guérisseur émérite auquel s'adressaient même les Békés dans les cas désespérés. Dambo n'avait pas mangé depuis trois jours car deux colonnes de miliciens avaient entrepris de monter à l'assaut du Morne Manioc où il avait aménagé son refuge. Impossible pour lui de descendre voler des fruits ou des légumes sur la plantation ! À l'altitude où il se trouvait, il n'y avait guère que le cœur de palmiste pour apaiser les élancements de son estomac ainsi que quelques framboises sauvages.

« J'ai une faim de loup... », avait-il déclaré au

guérisseur que son âge vénérable et sa réputation lui interdisaient d'agresser.

Le vieillard l'avait examiné avec une curiosité bienveillante et, allumant, d'un geste étudié, sa pipe en terre, avait rétorqué :

« Pour moi qui suis arrivé à l'automne de ma vie, jeune beau nègre, je peux te révéler que je… »

Ta plume avait flanché à cette phrase-là, en son mitan plus exactement. Rien d'autre ne venait, à ton incommensurable désespoir ! Tu avais d'abord mis cette paralysie sur le compte du dialogue, te souvenant que ton professeur de français y voyait la chose la plus difficile à réaliser pour un romancier. Tant qu'il s'agissait de décrire un paysage ou de raconter une histoire, avait-il affirmé, l'auteur était maître de son langage, il pouvait même l'inventer, mais, dès l'instant où il s'employait à faire parler deux personnages, il était inévitablement prisonnier du langage quotidien. Nous passons, en effet, avait précisé ton professeur, notre vie à dialoguer, et pour qu'un personnage ait de l'épaisseur, pour que le lecteur y croie, celui-ci doit s'exprimer comme le ferait quelqu'un qui serait, dans la vie réelle, placé dans les mêmes circonstances que lui. Autrement, ça sonnait faux ! Et le livre te tombait des mains, avais-tu ajouté en ton for intérieur, te remémorant ces moments douloureux au cours desquels tu t'étais senti contraint d'abandonner la lecture d'un roman qui t'avait d'abord passionné, parce que les personnages qu'il mettait en scène, ou plus exactement les propos qu'ils échangeaient entre eux, avaient brisé le charme, cette douce hypnose qui te tenait confiné dans ta chambre des après-midi entiers.

Une immense frustration s'était emparée de toi après cet échec à faire converser le nègre-marron Dambo et le vieux guérisseur. Ton stylo trépignait sur la feuille, crissait d'impatience, traçant d'inutiles gribouillis destinés à débloquer la situation. Tout cela en vain ! Tu avais alors examiné ton texte de plus près et l'incongruité de deux expressions t'avait sauté aux yeux : « faim de loup » et « automne de ma vie ». De loup, de loup, avais-tu soliloqué, perplexe. Mais, tonnerre du sort !, cette variété d'animaux n'existait pas aux Antilles. Toi-même, au zoo du Fort Saint-Louis, où t'emmenaient tes parents de temps en temps, tu n'avais aperçu qu'un ours brun au regard triste et un renard, tous deux faméliques, en guise d'animaux étranges. Certes, les cages regorgeaient d'oiseaux inconnus de toi en provenance de Cayenne, ou de singes d'Afrique, mais ils avaient l'air tellement à l'aise qu'on aurait juré qu'ils avaient toujours vécu en cet endroit.

Un nègre-marron, voire le plus banal des personnages antillais, pouvait-il vraiment employer l'expression « faim de loup » ? Quant à « automne de ma vie », cela te fit franchement rire, à la réflexion. Ici-là, point de printemps, d'été, d'automne et d'hiver. Seulement deux saisons, foutre ! Deux : le carême pendant lequel le soleil s'amuse à brûler la terre et les humains, et l'hivernage qui déverse ses avalasses de pluie et ses cyclones en septembre. Tu t'étais alors remis à lire les pages qui précédaient ton dialogue avorté entre Dambo et le vieillard centenaire, pages qui t'avaient semblé sur le coup assez bien venues, pour découvrir, non sans stupeur, qu'elles étaient, elles aussi, quoique de manière moins spectaculaire, moins caricaturale aussi, bardées d'expressions qui n'appartenaient aucunement à l'expérience particulière des Antillais.

« C'est donc le français qui… qui est responsable de ça ! » avais-tu balbutié, incrédule.

Jusque-là, tu n'avais jamais suspecté cette langue qui te semblait maternelle, tout autant en tout cas que le créole, que personne ne se serait avisé de considérer comme son égal, ni même comme une langue à part entière. Il était tout au plus un patois, une parlure tantôt gentillette tantôt violente ou vulgaire qui convenait à la perfection à l'expression de nos sentiments bruts. Dès qu'il s'agissait de réfléchir à quelque chose de sérieux, de penser, le français s'imposait tout naturellement. Tu devais mesurer bien plus tard l'énormité d'une telle conception puisqu'elle insinuait que ceux qui, comme ta servante Rosalia, le fier-à-bras Fils-du-Diable-en-personne ou Ti Jean, le chef de ta bande de gamins turbulents à Grand-Anse, ne maîtrisaient que le créole et lui seul, étaient dépourvus de pensée ! Ils étaient des animaux certes doués de parole mais leur esprit ne pouvait s'élever plus haut que leurs préoccupations terre à terre : boire, manger, dormir, se fâcher, rire, distiller des commérages ou soliloquer quand l'abus de rhum ou quelque chagrin personnel s'étaient emparés de leur esprit.

Final de compte : les Antillais ne disposaient pas d'une langue leur permettant d'exprimer par écrit leurs sentiments profonds ni leurs pensées. Quand ils s'installaient dans la (trop) belle langue française, ils se trouvaient du même coup déportés de leur propre lieu et de leur expérience concrète du monde et, s'ils se tournaient vers le créole, ils faisaient le cruel constat qu'un patois ne s'écrivait point, qu'il ne pouvait pas s'écrire. Tu comprenais à présent pourquoi il y avait si peu d'écrivains de chez vous ! Pourquoi les étals de la librairie Clarac ou de la Librairie antillaise n'offraient à ton appétit de lecture que les seules œuvres d'Aimé Césaire et d'Édouard Glissant. Ces deux bougres-là devaient être des sortes de génies, voilà pourquoi ils avaient pu franchir semblable obstacle ! Pour le commun des mortels, auquel tu avais le sentiment de faire partie, il n'y avait aucun recours. Tu avais alors rageusement déchiré *Les aventures de Dambo, le fier nègre-marron* de même que *La révolte des coupeurs de canne*, texte dans lequel tu évoquais une grève dans une plantation de canne à sucre autour des années 50, et *Wakini, guerrier caraïbe*, consacré à la lutte à mort, au début du XVIIe siècle, entre les autochtones caraïbes de la Martinique et les premiers colons français venus de Normandie, de Vendée et du Poitou. Tout cela sonnait faux !

Ces amères considérations langagières empoisonnèrent tes années de première et de terminale au lycée Schœlcher. Tu continuais à récolter des notes brillantes pour tes dissertations de français ou de philo mais, désormais, tu avançais à travers la langue française comme un somnambule. Tu connaissais chacune des pièces de cette vaste maison, de ce château-fort dans lequel tu pouvais te déplacer sans te cogner à une porte ou à un meuble, mais tu avais les yeux fermés. Bel et bien fermés, oui ! Tu ne pouvais t'en ouvrir à aucun de tes professeurs, même à Émile Yoyo, ton prof de philosophie, qui soutenait pourtant une thèse, qui faisait scandale, selon laquelle le poète béké Saint-John Perse était plus antillais dans son écriture que son alter ego noir Aimé Césaire, grand défenseur paradoxalement de la Négritude. Yoyo appuyait sa démonstration sur la présence d'images empruntées au créole par l'auteur d'*Éloges* et sur une vision du monde intimement liée à l'univers de la plantation de canne à sucre. Ainsi, quand Perse écrivait : « Pour moi, j'ai retiré mes pieds », un lecteur européen comprenait : « J'ai ôté mes pieds de l'endroit où ils se trouvaient », tandis qu'un lecteur antillais traduisait automatiquement : « Je suis parti. » Souvent, en plein cours, il arrivait à ton brillant professeur de citer de mémoire des passages entiers de Perse et, tous, vous en éprouviez un plaisir intense quand bien même vous étiez loin de tout comprendre. Quelque chose, un rythme, une cadence, un phrasé vous parlait dans *Amers* ou même dans *Anabase,* alors que les vers de Césaire, dont vous mesuriez confusément la hauteur, vous laissaient de marbre. Personnellement, tu avais pris en grippe ce dernier à cause de la description féroce qu'il faisait de Fort-de-France. Tu trouvais injuste les qualificatifs dépréciateurs dont il accablait cette ville où tant de lieux te semblaient magiques, en tout cas porteurs de poésie : le pont Gueydon et sa courbure parfaite au-dessus des eaux gris métal du canal Levassor, la fontaine Gueydon d'où jaillissait une eau diaphane et fougueuse dans laquelle des lessiveuses s'employaient à battre leur linge dans de vastes éclats de rire, l'allée des Soupirs et le kiosque à musique de la place de La Savane, le Grand Marché, au mitan de l'En-Ville, où toutes les senteurs des campagnes — bois d'Inde, vanille, clou de girofle, cacao, café — se trouvaient convoquées comme pour satisfaire le seul désir d'un esthète invisible. Tu n'étais pas aveugle à la misère des cases en tôle ondulée des Terres-Sainvilles et de Trénelle, pas plus qu'à l'accoutrement loqueteux de ces grappes de gamins désœuvrés qui déboulaient de Morne Pichevin ou de Texaco à la recherche d'un petit *dépri* (occase), mais tout cela te semblait bien peu face à la formidable énergie qui animait Foyal. Nulle prostration dans l'attitude de ces marchandes qui trônaient devant leurs lourds paniers d'ignames, de choux de Chine ou de mandarines. Aucune mendicité dans la gesticulation des djobeurs quand ils sollicitaient ta grand-mère ou quelque commerçant syrien pour qu'on leur confie une tâche. Pas la moindre veulerie dans l'attitude de ces négresses-majorines qui tentaient d'aguicher le passant mulâtre dans l'espoir d'obtenir une place de servante nourrie-blanchie-logée ou simplement de repasseuse. Ton peuple, dans sa diversité, était beau. Ta ville était magnifique, en dépit de quelques cicatrices ici et là et d'une ou deux plaies ouvertes. Même la furtive migration de ces femmes qui, à la brune du soir, allaient dévider des pots de chambre dans le canal Levassor ne te semblait pas sordide. Elles conservaient une fière allure, gardaient le verbe haut et une lueur faite de malice et de tendresse mêlées éclairait le grain de leurs yeux.

« Si on utilise le français pour parler de Fort-de-France, en avais-tu déduit, on est prisonnier d'une vision française des choses et à partir de ce moment-là, oui, Fort-de-France devient une ville horrible, un cloaque… mais si nous pouvions en parler en créole ou bien de manière créole, ce serait différent… »

C'est l'unique condisciple guadeloupéen de ta classe de première qui réussit, sans le savoir, à te conduire sur les sentiers hasardeux de l'écriture en créole. Il s'était gaussé de la manière martiniquaise de dire « vous aussi » : *rou tout*. Dans son créole à lui, on usait des mêmes mots qu'en français. Et pour de bon, les sonorités de ce *rou tout* si familier te parurent soudainement étranges. Elles avaient un petit air africain ou caraïbe qui en faisait une expression presque sauvage, indomptable. Tu t'étais alors essayé par jeu à l'écrire sur ta table, en pleine classe. *Rou tout, rou tou, wou tout, routou*, tu hésitais sur la graphie adéquate, prenant alors seulement conscience que personne n'avait eu l'idée de réfléchir à une orthographe pour le créole. Du moins à ta connaissance. D'ailleurs, si tu avais eu vent de l'existence de livres écrits en « patois » — notamment d'un certain *Fab' Compè Zicaque* écrit par un certain Gilbert Gratiant —, tu n'en avais jamais eu aucun entre les mains. Tu n'avais, à dix-sept ans, jamais vu, jamais lu une seule phrase de créole de toute ta vie ! Aucun de tes professeurs n'avait jugé utile de t'en faire étudier une, même dans les périodes plus détendues précédant Noël ou le carnaval, au cours desquelles certains se risquaient à mettre entre les mains de leurs élèves quelque texte sulfureux de Césaire ou de Fanon.

Très vite, le découragement succéda à l'enthousiasme qui s'était produit à l'instant où tu avais tenté d'écrire *rou tout*. Les phrases créoles n'arrivaient pas à se former sous ta plume, en tout cas les phrases compliquées et trop longues qu'enfantait ton esprit livresque. Le vocabulaire se dérobait sous tes doigts ou faisait carrément défaut quand tu désirais croquer le portrait d'un personnage, affiner sa psychologie. Tu faisais là l'expérience de la pauvreté d'un langage qui, jusqu'à présent, comblait tes besoins d'expression quotidiens mais, devant la page blanche, calait lamentablement. Tu en avais éprouvé une vive douleur intérieure. Voilà que tu disposais d'un outil sophistiqué, le français, qui ne collait pas à tes sentiments, et d'un outil fruste, le créole, qui ne pouvait pas s'écrire et donc donner une seconde vie à ces mêmes sentiments ! Tu disposais en fait de deux mains gauches ! Ce cruel constat te laissa mortifié des mois durant. Tu ne deviendrais jamais un écrivain et cette envie de noircir des pages et des pages, qui te tenaillait continuellement, demeurerait à jamais inassouvie.

Après tout, tu t'apprêtais à étudier les sciences politiques et là, pas question de s'épuiser à vouloir livrer à autrui ses états d'âme. Le programme que t'avait fourni le centre d'informations du rectorat était net et sans bavures : droit civil, droit constitutionnel, droit international, économie politique, philosophie politique, administration publique, finances publiques et anglais. Point à la ligne. Aurais-tu d'ailleurs le temps de continuer à te plonger dans cette espèce de liquide amniotique que constituaient pour toi les œuvres de François Mauriac ou d'Hervé Bazin ?

Mourir beaucoup...

Le corps de Man Dèle avait enflé. Démesurément. Elle te fit l'effet d'être enceinte, chose
incongrue pour une femme qui avait dépassé la
soixantaine. On l'avait revêtue d'une robe blanche
à dentelles fort seyante et d'un madras rouge et
bleu. Ses mains étaient posées en croix sur son
ventre. Au pied de son grand lit à colonnes en
acajou verni (le seul luxe de sa case), on avait posé
un petit récipient rempli d'eau bénite dans lequel
les visiteurs trempaient une branche de persil qu'ils
utilisaient à tour de rôle pour asperger la morte,
mimant maladroitement le signe de la croix. La
nouvelle de sa mort avait interrompu une partie de
football sur la plage de Grand-Anse au cours de
laquelle ton équipe, le Santos Football-Club,
menait par deux buts à zéro contre ces attardés du
quartier Sous-Bois. Man Dèle était la grand-mère
de Julien, brillant demi-droit à qui vous deviez une
grande partie de vos succès. Sa mère le héla, la
voix cassée, les cheveux dépenaillés :

«Viens ici ! Elle a passé, oui... »

223

Vous aviez tous compris de quoi il en retournait. Depuis deux longues semaines, la vieille
« dormeuse » agonisait dans une sorte de râle
effrayant qui emplissait les ruelles étroites qui sépa-
raient les cahutes en fouillis se trouvant derrière la
boutique de Marraine Lily. Elle éructait des
phrases interminables dans une langue que nul ne
parvenait à déchiffrer, une sorte de baragouin dans
lequel on pouvait de temps en temps attraper au
vol un mot de créole ou une bribe de phrase en
français, plus rarement le refrain d'un chanter
d'Église en latin. Ta marraine déclara un soir tandis
que vous étiez à table, frères, sœurs, cousins et
cousines, interloqués par cette voix qui semblait
monter des profondeurs de la terre :

« Pas la peine de vous mettre martel en tête, la
marmaille ! Man Dèle déparle, c'est tout ! Quand
la fin approche, tout le monde a la langue qui
glisse, oui… »

Tu entendais cette expression créole pour la
première fois : déparler. Le mot te sembla mille
fois plus expressif que « délirer », son équivalent
français qu'il t'avait fallu chercher dans un dictionnaire. D'ailleurs, ces deux termes recouvraient-ils
exactement la même signification ? Tu n'en étais
pas très sûr car Bogino t'avait dressé un portrait
peu flatteur de Man Dèle, à l'époque où tu l'aidais
à mettre en œuvre son projet de conception d'un
enfant de sexe masculin. Il la soupçonnait de n'être
point une vraie dormeuse, c'est-à-dire une femme
qui lisait l'avenir en s'endormant à moitié devant
son client, mais bien une quimboiseuse, une sor-

cière de la pire espèce. Et si elle déparlait à la veille de sa mort, quelle meilleure preuve de sa culpabilité pouvait-on avoir ? Ravagé par le remords de toutes les mauvaisetés qu'elle avait perpétrées tout au long de sa vie, elle demandait à présent pardon à ses victimes pendant que le Diable la fouettait pour lui rappeler qu'il ne tarderait pas à lui demander son dû.

« Man Dèle avait une bonne figure, c'est vrai ! t'expliqua Bogino, mais cela ne veut rien dire du tout. Le Diable se cache de toutes les manières possibles et imaginables. Hon ! Tu vois, le frère du boulanger ? On a raconté qu'il est devenu fou après avoir fait une chute de mulet sur l'Habitation Rosemond, eh ben, moi, je peux te dire que c'est pas vrai. C'est elle, Man Dèle, qui lui a semé des grains de folie dans la tête. On l'avait payée pour ça, la scélérate. Et Myrtha qui est morte après son avortement, hein ? Une négresse debout comme un pied de fromager ! Une femme qui n'avait jamais été malade de sa vie, pas même de la grippe ! Il y a eu du Man Dèle derrière tout ça. Tu peux aller dire que c'est monsieur Bogino qui dit ça ! J'assume mes paroles, moi. »

Pourtant, avec vous, la marmaille, la vieille femme avait toujours été d'une gentillesse extrême. Elle ne sortait presque jamais de chez elle à cause d'un éléphantiasis qui lui mangeait les deux jambes et se tenait à sa fenêtre, assise à sa fenêtre, les yeux rivés sur le petit pan de la Rue-Devant qu'on apercevait de chez elle. Les jours où une pluie incessante faisait son intéressante, vous clouant sur place, elle demandait à son petit-fils Julien de vous rassembler sur les trois marches en pierre qui conduisaient à sa minuscule véranda et vous contait des histoires de Ti Jean L'Horizon ou de Compère Macaque. Elle connaissait également un lot, apparemment inépuisable, de devinettes auxquelles seul Ti Jean réussissait parfois à répondre. Son créole était doux, presque suave, contrastant très fort avec la rudesse de celui des marchandes de poissons ou des négresses de campagne. Tu n'en déterminerais la cause que bien plus tard : elle prononçait les sons « u » et « eu » du français en lieu et place des « i » et « è » du créole. Marraine Lily, qui était en fort petite amicalité avec Man Dèle, pour des raisons qui n'appartenaient qu'à elle, lançait d'un ton aigre :

« Quant à celle-là, hon ! Elle a fait la "Fouance". Alors, elle ne sent plus la terre sous ses pieds ! »

À l'époque, qui avait posé le pied sur la terre de la mère patrie (ainsi disait-on aussi) était considéré comme un être supérieur, comme quelqu'un qui avait vu ou entrevu des choses si grandioses que notre pauvre petit esprit insulaire n'aurait même pas été capable de les imaginer. Dans l'entre-deux-guerres, en effet, Man Dèle, qui était une superbe créature, avait suivi à Paris un couple d'enseignants métropolitains. Ils adoraient sa cuisine, sa façon de repasser le linge à la perfection et l'espèce de roucoulement qui sortait de sa bouche quand elle parlait. Elle n'était revenue en Martinique qu'à leur mort, au tout début des années 50, auréolée de gloire. Tous les jeunes gandins de Grand-Anse étaient à ses pieds mais elle préféra choisir un homme sérieux, ce qui veut dire quelqu'un de plus âgé qu'elle d'au moins vingt ans. Elle eut raison car elle le mena à la baguette et, quand cette saloperé d'éléphantiasis lui tomba dessus, il ne l'abandonna point comme aurait fait un jeune bougre. Elle ne se découvrit des dons de dormeuse qu'assez tardivement mais sa réputation dépassa vite les limites de Grand-Anse. On se pressait aux abords de sa maison dès quatre heures du matin, en particulier tous ceux qui, s'estimant être gens de haut parage, ne voulaient pas être surpris en train d'aller consulter une devineresse.

Ce qui t'effraya le plus lorsque tu t'étais approché de son corps sans vie, ce fut l'espèce de bave blanchâtre qui lui coulait aux commissures des lèvres. Sa fille essuyait pourtant ces dernières à intervalles réguliers. Dans le nez de la défunte, on avait placé deux boulettes de ouate, ce qui augmentait l'étrangeté de son visage. La mort était donc laide, dégoûtante même ! Du moins avant l'intervention de Man Fanotte, la laveuse. Celle-ci se présenta, l'air arrogant, une bassine neuve et des paquets de feuillages sous les bras. Elle ne voulut personne dans la pièce au moment où elle officia. Tout le monde lui obéit au doigt et à l'œil, sauf vous, la marmaille, qui, comme de coutume, vous arrangeâtes pour espionner la scène en vous dissimulant dans un coin. La laveuse ne dénuda pas Man Dèle mais se mit à la frotter, membre après membre, avec la mixture d'herbes, de gros sel et d'eau bénite qu'elle venait de fabriquer. Elle n'oublia aucune partie du corps de la défunte, même pas les cheveux. Tout en s'activant, elle murmurait ce qui vous parut être des invocations, peut-être des prières chrétiennes, mais vous n'en étiez pas sûrs. Quand elle eut fini, elle ne jeta pas l'eau du bain par la fenêtre comme vous vous y étiez attendus mais la versa avec prestesse dans quatre bouteilles qu'elle avait exigées à son arrivée. Elle les emporta avec elle, négligeant de réclamer son dû à la famille de Man Dèle. La soudaine bel-leté de cette dernière te frappa. Elle semblait res-plendir à nouveau comme au temps où elle vous rassemblait sous sa véranda pour vous tirer des contes.

Ta première rencontre avec la mort te laissa d'autant plus perplexe qu'en français-France, elle avait la dénomination féminine de Grande Fau-cheuse, expression qu'employa en soupirant votre mère qui était montée de Fort-de-France pour assister à l'enterrement de Man Dèle, alors qu'en créole, tout le monde l'appelait Basile, redoutable personnage masculin qu'on t'assura « charroyer » dans l'au-delà les humains sur lesquels il avait porté son choix. L'infâme rôdaillait nuitamment aux alentours des cases ou des villas bourgeoises, rica-nant dans sa face dépourvue de bouche, un grand sac sur le dos, s'attaquant de préférence aux vieillards et aux enfants malades. En fait, s'agissant de ces derniers, Basile prenait banalement l'aspect d'une épidémie de coqueluche ou de terrifiantes diarrhées qui desséchaient le corps. On voyait des mères au désespoir passant de chez le docteur de

Grand-Anse aux officines des nombreux quimboi-
seurs nègres pour finir chez quelque prêtre hindouiste avant de se rendre à l'évidence :

« *Sé pa ayen nou pé fè !* » (Nous ne pouvons rien
faire) lâchaient-elles dans un souffle. « C'est la
volonté de Dieu ! »

La succession de petits cercueils blancs ponctuait
tes vacances d'intermèdes sinistres. On enterrait les
enfants par deux ou trois en même temps et l'église
ne pouvait plus contenir tout le concours de gens
qui étaient venus assister à la cérémonie. Sur le
passage des petits corps suppliciés avant l'heure,
tout le bourg s'alignait sur les trottoirs, le visage
frappé de stupeur ou rongé par le chagrin. Des ini-
mitiés ancestrales s'estompaient un bref instant.
Des regards de compassion s'échangeaient entre
parfaits inconnus. Il y avait toujours une scanda-
leuse pour donner son chagrin en spectacle à la
Rue-Devant, s'arrachant les cheveux, déchirant
son corsage et braillant comme une condamnée au
bûcher bien qu'elle n'eût aucun lien de parenté
avec les défunts.

La douleur vociférante d'Hortense, la couturière la plus renommée du bourg, n'entra point
dans ce cadre si habituel qu'il faisait les gens
hausser les épaules quand les scandaleuses tombaient sur l'asphalte, frappées par le haut mal. Son
homme, son « promis », comme disait Marraine
Lily, avait bravé la fureur de l'Atlantique au tout
début de septembre, moment où l'océan cachait
sous un calme feinteur tous les cyclônes dont il
était gros. Cette embellie ne durait pas plus de trois

jours, rarement quatre. Les eaux semblaient alors se rétracter, élargissant la plage de sable noir de manière démesurée. Ti Jean interdisait toute partie de football car sa mère, qui savait parler aux flots, l'avait maintes fois prévenu :

« Elle fait son intéressante, la chienne ! s'écriait la femme. C'est pour que nous, on la regarde ! Pour qu'on l'admire, hon ! Mais attention, elle peut redévirer sur vous à grand ballant et vous engloutir d'un seul coup. »

Le promis d'Hortense n'avait pas pris garde à la feintise de la mer de Grand-Anse. Muni d'une planche, il s'en était allé prendre des vagues, distraction favorite des garçons qui consistait à se placer au mitan d'une énorme lame en train de se former et à se laisser pousser par elle jusqu'au rivage, couché à plat ventre sur ladite planche. Tu adorais te livrer à ce qui, aux yeux de beaucoup, relevait de l'exploit à cause de la furibonderie permanente de l'Atlantique. Les courants avaient fait dériver le corps du noyé très loin du bourg puisqu'on ne le retrouva que le surlendemain du côté de l'Anse Vivé. Bogino jugea pourtant que le bougre avait eu de la chance, car on ne retrouvait pas ceux qui avaient été ainsi piégés ou alors leurs cadavres atteignaient les côtes de l'île voisine de la Dominique, où on se dépêchait de les enterrer sans autre forme de procès. Quand le glas retentit, Hortense se mit à injurier la Création :

« *Bondyé, ou sé an isalôp ! Lavyèj Mari, ou sé an manawa ! Landjèt manman zôt tout, zôt sé bondyé blan, zôt rayi nèg kon sé bétjé-a yo menm !* » (Dieu est un salopard ! La Vierge Marie est une putain ! Allez vous faire foutre, vous n'êtes que des dieux blancs qui haïssent les nègres tout autant que les Békés !)

L'abbé de Grand-Anse fit le bedeau expulser la couturière de l'église. Personne ne broncha. Malgré l'étendue incommensurable de son chagrin, elle avait, semble-t-il, dépassé les limites autorisées dans de telles circonstances et cela pouvait apporter des années de déveine sur les habitants du bourg. Mais, à la stupéfaction de tous, Hortense, une fois sur le parvis de l'église, se ressaisit et se mit à chanter une romance d'une voix très douce, une romance qu'affectionnait beaucoup ta servante Rosalia :

Rêvant un soir, assis près du rivage
J'ai vu un homme éclater en sanglots
Fouetter la brise avec des cris de rage
Et, comme un fou, s'élancer parmi les flots

Pourquoi partir, mon Adorée
ainsi sans un seul mot d'adieu ?
L'ensorceleuse t'a charmée
et tu la suis sous d'autres cieux.
Adieu ma bien-aimée cruelle,
pour toi, je dois mourir ce soir.
Je vais mourir sans toi, ma Belle,
et mourir fou de désespoir.

Les paroles de ce chanter d'amour éperdu éclairèrent le geste du fiancé. Hortense l'avait trompé, une fois, une seule fois, affirma la rumeur publique qui, pour l'occasion, employa une expression imagée qui te laissa longtemps rêveur :

« Le pied d'Hortense a glissé, voilà tout ! »

Marraine Lily se montra très dure avec le défunt qu'elle traita de femmelette. À l'entendre, glisser une fois ne signifiait pas qu'on avait cessé d'aimer l'être cher, simplement, la nature humaine avait ses raisons qu'il était vain de vouloir décontrôler. D'ailleurs, ne valait-il pas mieux que la couturière ait commis sa trahison avant le mariage ? Une fois la bague au doigt, elle se serait rangée comme tout le monde, foutre ! En plus, le bougre était allé se noyer et avait empesté le bourg d'une odeur qui mettrait des semaines à se dissiper. Une odeur étrange, à la fois fade et tenace, que tu n'oublierais plus, qui s'imprimerait à jamais au tréfonds de ton cerveau. Une odeur que tu saurais reconnaître en un battement d'yeux dès que tu la sentirais, quel que soit l'endroit du monde où tu te retrouverais.

L'odeur de monsieur Basile, oui…

PARTIR UN PEU...

Ils vous avaient prévenus, vos professeurs les plus conservateurs : en 1968, à cause de la chienlit du mois de mai, on avait distribué le baccalauréat. On l'avait même bradé dans certaines académies ! Mais cette année, il ne faisait aucun doute qu'un retour de bâton se produirait. Le bac de 69 serait terrible. En Martinique, une hécatombe était plus que prévisible à cause, assuraient ces mêmes professeurs, de votre niveau plus faible qu'en Métropole et des manifestations gauchistes qu'organisaient régulièrement Clemenceau et Jean-Paul. À cause aussi de ce journal *La Bombe* qui empoisonnait l'atmosphère habituellement si feutrée du lycée Schœlcher. Par bonheur, Émile Yoyo, votre prof de philo, vous avait enseigné l'art du doute qui, curieusement, vous procurait une énorme confiance en vous-mêmes. Vous ne faisiez pas partie de ces cohortes de lycéens besogneux qui apprenaient toutes leurs leçons par cœur. Votre finesse d'analyse, à vous la terminale littéraire, votre large vision des choses et votre connaissance du bruit et de la fureur du monde (la guerre du Vietnam faisait rage et Yoyo vous avait appris à décrypter les mensonges de la radio et de la presse) vous permettraient aisément de franchir l'obstacle de l'examen final. Déjà, il ne parlait plus de ce dernier, s'inquiétant plutôt des études que chacun désirait poursuivre. Il vous recommandait vivement l'anthropologie et surtout la linguistique, dans laquelle il voyait une branche d'avenir. *Anthropologie structurale* de Claude Lévi-Strauss et *Éléments de linguistique générale* d'André Martinet n'avaient plus aucun secret pour vous à deux mois de l'examen, même s'ils ne figuraient pas du tout au programme.

Tu n'étais jamais sorti de la Martinique, même pour te rendre en Guadeloupe, à dix-huit ans passés, et naturellement la seule idée de voyager t'excitait l'esprit et les sens. Grâce aux livres, tu avais arpenté en songe la Pologne, la Grèce, l'Afrique et les États-Unis, sans même parler de la France qui t'était éminemment familière. Mais tu te doutais bien que ces pays rêvés n'avaient pas grand-chose à voir avec les pays réels. Tu avais soif de cet inconnu qui s'offrirait à toi si tu obtenais ton diplôme. Soif de prendre l'avion, ce cylindre métallique volant devant lequel tu demeurais aussi incrédule et béat d'admiration qu'un Papou au mitan de sa jungle. Du balcon de la maison de tes parents, à Coridon, tu pouvais contempler, à partir de la fin de l'après-midi, leurs atterrissages impeccables par-dessus la baie des Flamands. La piste étant invisible à cette distance et les décollages s'effectuant dans le sens opposé à Fort-de-France, tout un pan de ce ballet quotidien te demeurait inconnu, aiguisant encore plus ton désir de monter à bord.

Karl et Dédé étaient parvenus à leurs fins : ils t'avaient peu à peu détaché de la bande de Jean-Paul pour te convaincre d'aller étudier Sciences Po à Aix-en-Provence. Au début, ce terme t'avait paru un peu ridicule, sans doute à cause du « Po » qui est l'homonyme d'une onomatopée créole indiquant l'éclatement d'un ballon ou d'un pneu ou encore le claquement d'un coup de feu. Mystère de la coprésence de deux langues dans la tête : tantôt « Sciences Po » résonnait en toi à la française et tu y voyais une expression élégamment cavalière à cause de l'abréviation de « Politiques » ; tantôt, c'était la signification et la sonorité créoles qui prenaient le dessus et tu étais envahi par un vague sentiment de ridicule. Clemenceau et Jean-Paul, dès qu'ils apprirent ta trahison — « Sciences Po, c'est pour les fils à papa ! » s'était exclamé le second avec mépris —, se mirent à te chahuter dans la cour, entraînant les autres élèves dans un vidé de carnaval :

« Karl po ! Po-po-po ! Raphaël po ! Po-po-po ! »

Pourtant, ton choix ne relevait pas exclusivement de la coquetterie petite-bourgeoise. Le Lagarde et Michard, ce manuel en quatre tomes qui t'accompagnait depuis la classe de troisième, t'avait dégoûté à tout jamais des études littéraires. Malgré les prouesses de tes différents professeurs de français, il était hors de question pour toi d'imaginer une carrière tout au long de laquelle tu passerais ton temps à tenter d'intéresser, par trente degrés de chaleur, des négrillons et des petits mulâtres à des morceaux choisis de Boileau, de Montesquieu ou de Balzac. Le concept même de « morceau choisi » te faisait horreur. La littérature en tranches de l'école n'entretenait à tes yeux que peu de rapport avec le plaisir inouï que tu prenais, dans le secret de ta chambre, à te plonger dans la lecture d'un roman pour n'en ressortir que deux ou trois heures plus tard, ébloui, après avoir avalé plus d'une centaine de pages d'affilée. Tu en avais conclu qu'à l'école (et à l'université forcément), on s'occupait surtout des « Lettres », tandis que, dans la vie réelle, on avait affaire à cette chose magnifique, multiforme, enthousiasmante, délicieuse qu'était la « Littérature ». Évidemment, Clemenceau, Jean-Paul et Groucho étaient trop enfoncés dans leur engagement révolutionnaire pour pouvoir comprendre de semblables subtilités dans lesquelles ils n'auraient pas manqué de voir, une fois de plus, des arguties petites-bourgeoises. Eux, ils étudieraient l'histoire ou la sociologie afin d'affiner leurs outils d'analyse de la société coloniale martiniquaise et donc de continuer à la combattre plus efficacement, tandis que toi, avec ta « Sciences Po », tu ne ferais que conforter le système. Tu en deviendrais l'un des suppôts, à terme. Honte sur ta tête, oui !

Comment leur expliquer, sans qu'ils éclatent de rire, que ton rêve était de devenir consul ou ambassadeur ? Déjà, ils s'étaient moqués de ta vocation ratée de gardien de but professionnel, surtout quand un prof de gym métropolitain t'avait interdit de garder les buts pendant ses cours à cause de tes lunettes aux verres cassables. Jusque-là, tu attachais une ficelle aux deux branches de celles-ci, que tu serrais autour de ton crâne, et le tour était joué. Tu plongeais, dégageais du point, taclais les avant-centres dans la surface de réparation sans la moindre crainte. Tes coéquipiers appréciaient ton audace et ta vista. Le fait qu'un brillant joueur de champ de la Gauloise de Trinité évoluât dans le championnat de division d'honneur avec le même accoutrement visuel que toi contribuait à norma-liser ta présence dans les buts. C'était là, évidem-ment, pure inconscience de ta part et de tes profs de gym. Un joueur de champ n'est pas aussi exposé aux chocs au visage qu'un gardien de but !

Pendant un temps, tu avais essayé de jouer sur les deux tableaux : tu continuais à faire croire à Jean-Paul et aux autres que tu étais bien décidé à accepter une bourse d'études en Yougoslavie ou en Allemagne de l'Est tout en complotant en secret avec Dédé et Karl pour réserver une chambre à la cité universitaire d'Aix-en-Provence. En fait, tu étais en pleine indécision. L'un ou l'autre camp aurait fort bien pu emporter la partie dans ton esprit. À cinq semaines des épreuves du baccalau-réat, tout un chacun mit aux oubliettes ses préoc-cupations politico-révolutionnaires et se livra à un bachotage effréné. Il n'était pas question pour l'un de vous, surtout pour les rédacteurs de *La Bombe*, de rater l'examen, car cela aurait signifié, immanquablement, une pitoyable reddition aux autorités scolaires. Il aurait fallu, en effet, que vos parents viennent supplier ces dernières de vous accorder le droit de redoubler, droit qui était chichement attribué puisque les places en classe de terminale, les seules de toute la Martinique à l'époque, du moins pour les garçons, étaient réservées de facto aux élèves les moins âgés et les plus brillants.

Tu n'avais désormais d'yeux pour rien d'autre que tes manuels scolaires. Dans l'autobus, tu n'avais même pas un œil pour la flamboyante chevelure de Maryse. À l'entrée du lycée, tu ignorais Man Sosso, la vendeuse de bonbons, qui, habituée depuis des lustres à cette période de fièvre, vous pardonnait à tous votre infidélité. Tes professeurs, même ceux qui s'appliquaient à critiquer vertement le système colonial et capitaliste, arboraient un air grave. Marraine Lily t'avait, quant à toi, prévenu :

« Dans ce pays-là, le bac est un bâton de maréchal. Qui ne l'obtient pas est obligé de passer sa vie sous la botte d'un Béké ou d'un gros mulâtre. Réfléchis bien à ce que tu fais ! »

Ton père, qui s'était désintéressé de toi, après avoir échoué dans sa tentative de te convertir en matheux, se fit soudain plus conciliant. Finalement, un bac littéraire, avec trois langues vivantes en plus, c'était mieux que rien, et ton vœu de faire Sciences Po l'avait séduit. Il s'était renseigné : ces études-là menaient à de brillantes carrières dans l'administration, d'autant qu'on pouvait y préparer l'examen d'entrée à l'ÉNA. Ce dernier sigle t'en imposait par sa sobriété et son élégance tout à la fois. Dédé, qui avait longuement vécu en Afrique noire et à Marseille, à cause d'un père militaire de carrière, te tenait des discours grandiloquents sur cette école qu'il semblait connaître parfaitement. On y formait les élites de la nation. Préfets, conseillers d'État, ambassadeurs, consuls ou directeurs d'administration, tels étaient les postes qui vous seraient offerts si vous aviez suffisamment de brio pour franchir toutes les étapes nécessaires.

« Et puis, ajoutait-il avec sa moue habituelle, il n'y a que cinq instituts d'études politiques pour tout l'Hexagone. Cinq, vous vous rendez compte, les gars ! Tandis que des facs de lettres, y en a dans tous les bleds de France et de Navarre. Ha-Ha-Ha ! Même à Poitiers ou en Avignon ! »

À aucun moment ne vous traversa l'esprit que vos couleurs de peau — du noir bleuté de Dédé au blanc crème de Karl en passant par ton jaune clair — pouvaient être un obstacle à votre rêve. Vous n'aviez jamais fait l'expérience du vrai racisme, celui que votre prof de philo vous avait fait découvrir à travers *Peaux noires, masque blanc* de Frantz Fanon, ouvrage qui circulait sous le manteau. Le préjugé de couleur qui sévissait autour de vous n'entraînait aucune ségrégation ni exaction particulières puisque tout un chacun en était la victime. Les nègres foncés se voyaient traités de « nègres-Congo » certes, mais les chabins à la peau laiteuse n'étaient guère mieux lotis. Leurs cheveux de rouquins et leur visage marqué de minuscules taches comme le plumage des coqs d'Inde leur valaient d'innombrables moqueries. Quant aux Coulis, les pauvres, ils étaient obligés de courber l'échine sous les insultes et parfois le crachat. Un peu mieux considérés, les mulâtres étaient tenus en haute suspicion et accusés de tous les maux de la terre dès que se produisait la moindre tension sociale. En fait, seuls les Békés échappaient aux banderilles incessantes que chaque strate ethnique se lançait, mais ils ne faisaient pas partie de votre univers. Toi-même n'avais jamais parlé à l'un d'eux, leurs rejetons se retrouvant tous au Séminaire-Collège. Leur domination, bien réelle, relevait donc pour toi du domaine de l'abstrait. Quand quelqu'un, autour de toi, s'écriait : « *Fout Bétjé rayi nèg !* » (Qu'est-ce que les Blancs créoles détestent les nègres !), tu n'y prêtais qu'une attention distraite. Longtemps, ils furent, pour toi, des créatures un peu irréelles.

Les sujets du bac de cette année 1969 vous semblèrent avoir été choisis par quelque sadique acharné à réparer la gabegie de l'année précédente, celle de la révolution de Mai. À chaque épreuve, une fois ceux-ci distribués, vous vous étiez concertés du regard, interloqués, abasourdis même. En philo, Kant et Locke faisaient partie du menu (au choix). En français, il fallut se coltiner à un extrait particulièrement ardu des *Lettres persanes* et tu en étais venu à vomir Montesquieu qui, jusque-là, t'avait paru être un bougre plutôt sympathique. Et le reste à l'avenant ! Ton pessimisme au sortir de ces exercices de torture mentale inquiéta au plus haut point ta mère. Elle t'incita à rester à la maison à cause d'un début de fièvre que tu avais d'abord jugé bénin mais qui s'aggrava au fur et à mesure, te clouant près de deux semaines au lit. Dédé et Groucho, qui se regardaient en chiens de faïence, se relayaient à ton chevet, t'apportant les dernières rumeurs concernant la correction des épreuves du bac. Celles-ci se déroulaient en Guadeloupe afin de prévenir toute tentative de fraude, les élèves guadeloupéens se voyant à leur tour corrigés par des professeurs martiniquais.

« Faut que ta dengue s'arrête si jamais tu dois passer l'oral… », s'inquiétait Groucho, mais, dans ses yeux, tu lisais la crainte qu'il avait de te voir changer d'avis quant à votre projet commun (avec Clemenceau et Jean-Paul) d'accepter une bourse d'études dans un pays de l'Est.

« À Aix, tu verras, te baratinait pour sa part Dédé, il y a un climat formidable. Du soleil et un ciel bleu comme ici mais pas du tout d'humidité. Là-bas, plus de rhume, de fièvre ou de grippe ! »

Tu t'étais remis deux jours à peine avant que les résultats ne fussent lus à la radio, habitude insolite mais qui possédait l'éminente vertu de clamer *urbi et orbi* l'éclatant succès scolaire des rejetons issus des couches populaires. Des noms inconnus surgissaient brusquement en pleine lumière, d'autres salis par quelque forfait largement diffusé dans la presse, forfait remontant parfois à deux générations en arrière, se voyaient rehaussés ou lavés de toute souillure. Par contre des patronymes illustres, attendus au tournant par Radio-bois-patate, risquaient l'opprobre ou le déshonneur au cas où ils n'étaient point égrenés par cette voix exagérément grave qu'adoptait le speaker pour la circonstance. Voix presque aussi grave que pour les avis d'obsèques qui précédaient chaque journal parlé.

Ta famille n'était pas du genre à faire confiance à la radio pour s'assurer de ton succès ou de ton échec. Ton père, en particulier, pestait sans arrêt contre les commentaires sportifs qu'il jugeait partiaux à l'endroit du Club Colonial. Il attendit de se rendre lui-même au lycée Schœlcher pour consulter les listes de résultats. Au jour dit, il t'ordonna de te vêtir d'une chemise blanche à manches longues et d'un pantalon noir, manière d'uniforme que tu utilisais pour les enterrements. Il demeura silencieux au volant de sa Fiat vert bouteille dont il prenait grand soin. Contrairement à son habitude, il ne pesta pas contre les passants qui traversaient les rues sans faire attention ou les automobilistes qui oubliaient de mettre leurs clignotants. Sa gravité provoqua l'apparition d'une boule d'angoisse dans ta gorge. Quelle serait la réaction d'un être si entier, si courrouçable, en cas d'échec de ta part ? Tu priais pour qu'au moins tu eusses accès à la deuxième session de l'examen, laquelle ne comportait que des épreuves orales. Il n'avait pas accepté de gaieté de cœur que tu eusses choisi cette section de terminale littéraire dans laquelle, grâce à l'étude de quatre langues (latin, anglais, espagnol et italien), tu avais été dispensé de toute étude des mathématiques. Par haine envers cette dernière discipline, tu avais joué ton sort au quitte ou double, chose dont tu étais seulement en train de prendre conscience.

Sur le pont de l'Abattoir, les voyous qui vous rançonnaient le matin cuvaient leur ennui en jetant des lignes dans l'embouchure noirâtre de la rivière Madame où ne barbotaient que d'immangeables loches et, parfois, des congres aux soubresauts fort dangereux. Djabsoud, son short plus déchiré que jamais à hauteur des génitoires, faisait les cent pas tel un ours en cage. Les premières chaleurs de la journée imbibaient déjà de sueur sa figure et son buste qu'il bombait à travers sa chemise à moitié déboutonnée. Son désœuvrement lui baillait un air moins redoutable qu'à l'ordinaire et tu y avais vu, sans trop savoir pourquoi, un bon présage. Devant le lycée Schœlcher, une foule de parents anxieux attendait l'ouverture des portes. Les hommes se contentaient de se saluer de la tête tandis que les femmes s'embrassaient en silence, se serrant mutuellement l'avant-bras comme si elles s'apprêtaient à vivre quelque terrible épreuve. Peu d'élèves les accompagnaient et, d'ailleurs, ton père t'avait demandé de rester dans la voiture qu'il avait dû garer en double file, au cas où la maréchaussée pointerait le nez.

Tu le voyais de dos monter d'un pas lent les marches du Temple du Savoir et tu te demandais quelles pensées pouvaient bien lui traverser l'esprit à cet instant-là. Il te parut frêle, plus frêle que jamais, peut-être parce que les jambes de son pantalon en flanelle flottaient dans le vent. Un tournant décisif dans votre relation à tous deux allait bientôt être pris et déjà tu commençais à regretter de n'avoir pas été plus proche de ton père, de ne lui avoir pas montré davantage d'affection. Tu t'étais, au sortir de l'enfance, blotti dans les bras généreux de tes livres et tu avais peu à peu perdu toute notion du commerce filial. Le matin, tu lui marmonnais un vague bonjour, ne l'embrassant que deux fois par an : en juillet, au moment de partir en vacances à Grand-Anse, et à ton retour, à la mi-septembre. Tu ne savais rien de sa vie, de ses rêves ou de ses espoirs. Était-il heureux ? Supportait-il cette existence trop rangée que sa petite famille et son métier d'enseignant l'obligeaient à mener depuis bientôt vingt ans ? Tu n'en savais rien. Ton père était un être très secret qui savait s'enfermer dans un mutisme énigmatique les rares fois où se produisait un événement inattendu. Il était l'exact contraire de ta mère, chabine joviale que ne semblait atteindre aucune avanie.

« Si c'est la volonté de Dieu, qu'y puis-je ? » déclarait-elle dans ces cas-là avec le sourire.

Assez vite, l'entrée du lycée se désemplit. Les résultats avaient été affichés sur des panneaux qui se trouvaient près du bureau du proviseur, lequel donnait sur la cour du premier niveau. Ton cœur, qui galopait plakatak-plakatak-plakatak depuis le matin à ton réveil, se fit plus discret. Tu ne sentais même plus ses pulsations dans ta poitrine qu'humectait de sueur la vilaine touffeur de cette journée de carême. Une des romances de Rosalia s'infiltra dans ta tête. Sans crier gare. Un chanter plein de dérision :

Travay dan kann sé pa pou nou
Travay dan kann mové pou nou

244

Pwèl zannanna ka pitjé nou
I ka pousé dan lanmen nou

Lanné pasé nou té fèbo
Lanné pasé nou té molo
Lanné pasé nou té falo
Lanné-tala nou ni lafôs

(Travailler dans la canne à sucre, c'est pas pour
    nous
Travailler dans la canne à sucre, c'est mauvais
    pour nous
Les poils d'ananas nous piquent
Ils poussent dans nos mains

L'année dernière, nous étions faiblards,
L'année dernière, nous étions mollassons,
L'année dernière, nous étions falots,
Cette année, nous avons de la force)

L'attente s'éternisait. Des jeunes gens, pas forcément lycéens, avaient fini par s'agglutiner devant les
grilles du lycée car chaque année, à la même époque,
on pouvait assister aux mêmes scènes de congratula-
tions ou d'accablement démonstratif. Des pères de
famille, bien sous tous rapports, très à cheval sur leur
quant-à-soi, se mettaient soudain à cavalcader dans
les escaliers en braillant, les bras levés au ciel :
    « Il l'a eu ! Mon fils a eu le bac, oué-é-é ! »
    Dans le cas inverse, des femmes, prises d'une
détresse presque hystérique, s'arrachaient les cheveux ou se roulaient par terre en poussant des

gémissements de vaches sur le point de mettre bas. Par dérision, ton père qualifiait ce genre d'attitudes de « démonstractions » en insistant bien sur le « r » pour faire rire son interlocuteur. Quelle serait sa réaction à lui en cas d'échec de ta part, toi, son fils aîné, celui qui, aux yeux de tous, représentait l'honneur de la famille ? Ne pouvant plus supporter d'être cloîtré dans la Fiat, tu avais traversé la rue et t'étais appuyé sur les rambardes du long muret qui surplombait le quartier de Texaco. D'énormes cuves à kérosène et à gazoline, rouges et brunes, semblaient avoir été posées entre les cases par quelque esprit malin qui n'attendait que le craquement d'une allumette pour se réjouir de l'explosion finale. Soudain, ton inquiétude te sembla bien petite, presque dérisoire par comparaison à celle qui devait travailler ces pauvres gens qui vivaient en permanence à portée de la mort potentiellement la plus violente que l'on pût imaginer. Ils vaquaient pourtant à leurs occupations, les hommes s'affairant à réparer leurs filets de pêche ou à colmater leurs canots, les femmes à étendre leur linge au soleil, cela sans jamais bailler l'impression d'implorer la pitié de quiconque. Tu étais plongé dans la contemplation du spectacle paisible qu'ils t'offraient lorsqu'une main ferme se posa sur ton épaule et qu'une voix calme, quoique animée d'une légère tremblade, te marmonna :

« C'est fait ! Bravo, mon fils, bravo, oui ! »

Tu n'avais su que répondre. Ta bouche demeura cousue jusqu'à la maison où ta mère, sans doute prévenue par la radio, se jeta dans tes bras. Elle parlait-parlait-parlait, pour ne rien dire, juste pour parler, pour exhaler son trop-plein d'anxiété, pour assouvir sa joie aussi. Par téléphone, tu devais apprendre le succès de toute ta classe hormis trois énergumènes qui faisaient profession de sécher les cours. La prédiction de tes parents conservateurs se révéla pourtant vraie : en cette année 1969, le pourcentage d'heureux élus dans l'académie ne dépassa que de très peu la barre des cinquante pour cent, loin donc des soixante-dix habituels. Votre terminale, en dépit de son activisme gauchiste, du journal *La Bombe* et des profs révolutionnaires qui s'écartaient des programmes pour vous faire étudier Marx, Césaire ou Fanon, obtint le meilleur score de toutes ses concurrentes aux Antilles et en Guyane.

« Alléluia ! » conclut Rosalia qui te voyait obstinément docteur alors que tu lui avais maintes fois expliqué que la section littéraire ne permettait plus l'accès aux études médicales.

Tu partirais donc. « Pour France », comme on disait comiquement à l'époque. Aix-en-Provence t'attendait. Une nouvelle existence. Des visages neufs. L'entrée dans l'âge d'homme en quelque sorte. Naturellement, c'est un chanter de Rosalia qui devait accompagner ton départ :

Lakomèt di nou
a katrè-di-maten
sé pa ayen di bon
mwen ka pôté ba zôt
Fo pati Boliva
alé wè sa zôt ké touvé

Lakomèt di nou
a katrè-di-maten
pwan an rézolisyon
kité sa mwen enmen
pou pati Panama
ay wè sa mwen pé touvé

Adyé ! Lamatinik adyé !
Adyé, sa mwen enmen !
Mwen ka pati pou Boliba

(La comète nous a dit,
à quatre heures du matin,
qu'elle ne nous apportait
rien de bon
Il nous faut partir pour Bolivar
afin de voir ce qu'on peut y trouver

La comète nous a dit,
à quatre heures du matin,
qu'il nous fallait prendre une résolution,
celle de quitter ce que nous aimions
pour partir à Panama
afin de voir ce qu'on peut y trouver

Adieu ! Martinique, adieu !
Adieu, tout ce que j'aime !
Je m'en vais à Bolivar)

(Habitation L'Union, Vauclin,
mars 1996–juin 1999)

Le Meurtre du Samedi-Gloria, roman policier, Mercure de France, 1997 (Prix RFO).

L'Archet du colonel, roman, Mercure de France, 1998.

Régisseur du rhum, récit, Écriture, 1999.

La Dernière Java de Mama Josepha, récit, Les Mille et Une Nuits, 1999.

Traductions

Un voleur dans le village, de James Berry, récits, Gallimard-Jeunesse, 1993, traduit de l'anglais (Jamaïque)/ Prix de l'International Books for Young People, 1993.

Aventures sur la planète Knos, d'Evan Jones, récit, Éditions Dapper, 1997, traduit de l'anglais (Jamaïque).

Travaux universitaires

Dictionnaire des titim et sirandanes (devinettes et jeux de mots du monde créole), ethnolinguistique, Ibis Rouge, 1998.

Kréyôl palé, Kréyôl matjé..., analyse des significations attachées aux aspects littéraires, linguistiques et socio-historiques de l'écrit créolophone de 1750 à 1995 aux Petites Antilles, en Guyane et en Haïti, thèse de doctorat ès-lettres, Éditions du Septentrion, 1998.

HAUTE ENFANCE

Wilhelm Dichter, *Le cheval du Bon Dieu*, traduit du polonais par Martin Nowoszewski, préface de Stanislaw Baranczak, 1998.

Jean Thibaudeau, *Souvenirs de guerre*, 1998.

Alan Jolis, *Le soleil de mes jours*, traduit de l'américain par Marie-Claude Peugeot, 1999.

Émile Ollivier, *Mille eaux*, 1999.

Jerome Charyn, *Le cygne noir*, traduit de l'américain par Marc Chénetier, 2000.

Jean-Louis Baudry, *L'âge de la lecture*, 2000.

Ahmed Abodehman, *La ceinture*, 2000.

Achevé d'imprimer
sur Roto-Page
par l'Imprimerie Floch
à Mayenne, le 27 mars 2000.
Dépôt légal : mars 2000.
Numéro d'imprimeur : 47829.

ISBN 2-07-073896-5 / Imprimé en France.